Wolfgang Schmidt-Nohl

Credo - Was wir glauben dürfen

Wolfgang Schmidt-Nohl

Credo - Was wir glauben dürfen

Eine Predigtreihe in 10 Teilen über das Apostolische Glaubensbekenntnis (Credo)

Fromm Verlag

Impressum/Imprint (nur für Deutschland/ only for Germany)
Bibliografische Information der Deutschen Nationalbibliothek: Die Deutsche Nationalbibliothek verzeichnet diese Publikation in der Deutschen Nationalbibliografie; detaillierte bibliografische Daten sind im Internet über http://dnb.d-nb.de abrufbar.

Contact:
International Book Market Service Ltd., 17 Rue Meldrum, Beau Bassin, 1713-01 Mauritius
Website: www.bookmarketservice.com
Email: info@bookmarketservice.com

Gedruckt in: USA, UK, Deutschland. Dieses Buch wurde nicht in Mauritius produziert.

Imprint (only for USA, GB)
Bibliographic information published by the Deutsche Nationalbibliothek: The Deutsche Nationalbibliothek lists this publication in the Deutsche Nationalbibliografie; detailed bibliographic data are available in the Internet at http://dnb.d-nb.de.

Contact:
International Book Market Service Ltd., 17 Rue Meldrum, Beau Bassin, 1713-01 Mauritius
Website: www.bookmarketservice.com
Email: info@bookmarketservice.com

Printed in: U.S.A., U.K., Germany. This book was not produced in Mauritius.

ISBN: 978-3-8416-0174-2

Wolfgang Schmidt-Nohl

WAS WIR GLAUBEN DÜRFEN

Eine Predigtreihe in 10 Teilen
über das Apostolische Glaubensbekenntnis (Credo)

Gehalten in der Evangelischen Bonhoeffergemeinde Fulda 2008

Inhaltsverzeichnis

Seite

Vorwort

Die grundsätzliche Idee zu einer Predigtreihe über das Apostolische Glaubensbekenntnis hatte ich schon länger vor ihrer tatsächlichen Umsetzung im Jahr 2008 während meiner pfarramtlichen Beauftragung in der Evang. Bonhoeffergemeinde Fulda. Denn in meinem Umgang mit Gläubigen und weniger Gläubigen in Gottesdiensten, in Gemeindekreisen, in der Seelsorge und Sonderseelsorge, im kirchlichen und schulischen Unterricht und in verwandten kirchlichen Handlungsfeldern waren für mich jahrzehntelang unübersehbar die Defizite im Bereich theologischen W i s s e n s über unseren christlichen Glauben. Neben den Lücken im Wissen – oder auch in Verbindung damit! – gibt es Probleme und Fragen im Bereich der Glaubens g e w i s s h e i t - und das ausgerechnet in der Gruppe der M i t a r b e i t e n d en in der K i r c h e . Mit alledem bewegen wir uns in dem Bereich und Aufgabenfeld, das wir in der Kirche und Theologie D o g m a t i k - oder A p o l o g e t i k - nennen. Der Begriff „Dogmatik/dogmatisch“ wird zwar derzeit in weiten Kreisen – ausserhalb und innerhalb der Kirche! - negativ empfunden und benannt. Aber wie dem auch sei: die Dogmatik ist für mich unverzichtbar die gedankliche und begriffliche P r ä z i s i e r u n g unseres Glaubens. Wir sind es als Christen m.E. uns selbst und Anderen schuldig, darüber ernsthaft nachzudenken, an was oder an wen wir warum glauben. Und die christliche Gemeinde Jesu darf wissen, was sie im Gottesdienst warum sagt, singt und tut. Und was und wen sie damit bekennt!

Unsere evangelischen Gottesdienste beginnen und enden mit trinitarischen Formeln, dazu kommt der trinitarische Lobpreis nach dem Psalm. Das gemeinsam gesprochene Glaubensbekenntnis bezeugt ebenfalls den Glauben an Gott Vater, Sohn und Heiligen Geist. Hinzu kommt die Verkündigung des dreieinigen Gottes in der Auslegung der Predigttexte.

Von den im Evangelischen Gesangbuch (EG) für die Landeskirche von Kurhessen-Waldeck abgedruckten Glaubensbekenntnissen (S. 47-58) gebe ich dem Apostolischen Credo, seiner Auslegung durch Martin Luther (S.50f) und dem Nizänischen Glaubensbekenntnis (S.48f) den Vorzug, weil nur diese drei auch der Lehre von der i m m a n e n t e n Trinität Gottes entsprechen (personae et opera trinitatis ad intram).

Ausschlaggebend für die Umsetzung der Predigtreihe war schliesslich die Begegnung mit sehr engagierten Gemeindegliedern und Mitarbeitenden der Evang. Bonhoeffergemeinde in Fulda. Der Grad der theologischen Reflexion in dieser Gemeinde wird wohl auch mit ihrem Namensgeber Dietrich Bonhoeffer zusammenhängen. Besonders den Gottesdienstbesuchern danke ich für

Rückfragen und Anregungen. Schliesslich zog sich diese 10teilige Reihe über ein halbes Jahr hin. Meiner Frau Elsemarie danke ich für alles Mitdenken.

In die Predigten eingeflossen ist meine bisherige Beschäftigung mit Texten der Heiligen Schrift im Kontext von Verkündigung, Unterricht und Seelsorge. Die zitierten B i b e l s t e l le n (nach rev. Lutherbibel) im hier vorgelegten Wortlaut sind für die L e s e r der Predigten zum möglichen Nachlesen gedacht. Den H ö r e r n wurde lediglich gesagt: „Paulus schreibt im Römerbrief…“ oder entsprechend.

Neben der Bibel und den Stimmen der Reformation waren und sind meine dogmatischen und systematisch-theologischen Gesprächspartner bei dieser Predigtreihe sowohl die bis in meine Studienzeit und in die Zeit davor zurückreichenden wie auch heutige Systematische Theologen. Ich nenne davon hier diejenigen, die eine Dogmatik, ein dogmatisches Kompendium oder eine Systematische Theologie verfasst haben: Paul Althaus, Karl Barth, Dietrich Korsch , Hans Graß, Wilfried Härle, Jürgen Moltmann, Heinrich Ott, Horst Georg Pöhlmann, Paul Tillich, Wolfgang Trillhaas und Otto Weber.

Ich gebe zu, dass mir von den Genannten Karl Barth mit seiner Kirchlichen Dogmatik und seinen Ausführungen zum Glaubensbekenntnis inhaltlich und terminologisch am einleuchtendsten ist: in seiner Theologie sind m.E. die vier reformatorischen sola (solus Christus, sola gratia, sola fide und sola scriptura – allein Christus, allein durch Gnade, allein durch Glauben, allein die Heilige Schrift) konsequent beieinander gehalten worden.

Weil es sich um die Nachschrift im Gottesdienst gehaltener Predigten handelt, benenne ich Psalmen, Schriftlesungen und Lieder der jeweiligen Gottesdienste.

Drei meiner jüngeren Predigten über Abschnitte aus dem Alten Testament füge ich hinzu: Exodus 3 , Jesaja 6 und Genesis 50. Über das Alte Testament zu predigen, bedeutet für mich nicht den Verzicht auf Christologie und Trinitätslehre.

Gersfeld-Dalherda, im Sommer 2011

Wolfgang Schmidt-Nohl

Pfarrer Wolfgang Schmidt-Nohl
Gichenbacher Str.15a
36129 Gersfeld-Dalherda
Tel. 06656-9110206
Mobil: 0160 97 96 65 64
E-mail. Wschmidtnohl@aol.com

Predigtreihe über das Apostolische Glaubensbekenntnis

Bonhoeffergemeinde Fulda, ab Sonntag Trinitatis 18. Mai 2008

1.Teil: Einleitung und „Ich glaube an Gott“

a) Einleitung zum Credo

Unser Apostolisches Glaubensbekenntnis (EG Seite 47) steht im vorliegenden Wortlaut nicht in der B i b e l - während etwa die 10 Gebote im Alten Testament stehen und das Vaterunser direkt aus dem Neuen Testament stammt. Der jetzige Wortlaut des Glaubensbekenntnisses stand am Ende des 4. Jahrhunderts fest, aber seine Bestandteile und Vorformen reichen viel weiter zurück – bis Neue Testament.
Schon im Taufbefehl wird in dreifacher Weise von Gott gesprochen: „ Taufet sie auf den Namen des Vaters und des Sohnes und des Heiligen Geistes!“ (Mt.28) Oder in 2. Kor. 13,13 schreibt Paulus: „Die Gnade unseres Herrn Jesus und die Liebe Gottes und die Gemeinschaft des Heiligen Geistes sei mit euch allen!“ Auch der Wortlaut des Apostolikums klingt schon durch, wenn es in 1.Tim.6,13 heisst von „Jesus Christus, der unter Pontius Pilatus bezeugt hat das gute Bekenntnis.“ Oder in 1.Kor. 15,3+4: „Christus ist gestorben für unsere Sünden nach der Schrift, und Er ist begraben und Er ist auferstanden am dritten Tage.“
Die frühe Christenheit formulierte die ersten Glaubensbekenntnisse wohl zum Gebrauch bei der T a u f e . Der Täufling und später auch die Paten sollten sich in umfassenden und zugleich kurzen Formulierungen zum christlichen Glauben an den dreieinigen Gott bekennen können.
Für das Jahr 215 ist eine Kirchen- und Taufordnung aus Rom verbürgt, deren Wortlaut wohl auf die Mitte des 2. Jahrhunderts zurück geht. Da wurden dem Täufling und den Paten folgende drei Fragen gestellt:

1. Glaubst du an Gott, den allherrschenden Vater?
2. Glaubst du an Christus Jesus, den Sohn Gottes, der geboren ist vom Heiligen Geist aus Maria, der Jungfrau, und gekreuzigt unter Pontius Pilatus, und gestorben ist und begraben, und auferstanden ist am dritten Tage lebend aus den Toten, und aufgestiegen ist in den Himmel, und sitzt zur Rechten des Vaters, um wieder zu kommen zu richten die Lebenden und die Toten?

3. Glaubst du im Heiligen Geist sowohl die heilige Kirche als auch des Fleisches Auferstehung?

Aus diesen Fragen wuchs dann ein Bekenntnis, das unserem Glaubensbekenntnis noch ähnlicher war, und das wegen seines Gebrauchs in Rom das „Romanum“ genannt wird. Im Verlauf des 4. Jahrhunderts kam es dann zu dem Abschluss, den wir heute als Übersetzung aus dem Lateinischen im Gottesdienst mitsprechen. Es ist eines der drei oekumenischen Bekenntnisse aus der Alten Kirche . Sein ursprünglicher Name ist „Symbolum Apostolorum“, also etwa „Bekenntnis der Apostel“. Mit diesem Namen soll ausgedrückt werden: dieses Bekenntnis hat in allen seinen Worten und Sätzen seine Grundlage in der Botschaft der Apostel, die von Jesus berufen und beauftragt wurden. Es steht in allen Aussagen auf sicherem biblischen Fundament, wie wir noch sehen werden. Trotz seiner hohen Wertschätzung durch die Reformatoren Luther und Calvin wurde es in unseren Kirchen erst ab dem 19. Jahrhundert regelmäßig in den evangelischen Gottesdiensten verlesen. Und erst seit dem 20. Jahrhundert – vor allem seit dem Kirchenkampf zur Zeit des Nationalsozialismus – wurde es dann auch von den Gemeinden im Gottesdienst mitgesprochen.
Was nun die Wertschätzung dieses Bekenntnisses durch Martin Luther betrifft: Für ihn war es , wie er sagte, „die Summe der Heiligen Schrift“, weil es „kurz und richtig die Artikel des Glaubens gar fein (zusammmen)fasset.“ Im Großen Katechismus schreibt er: „Damit man den Glauben aufs leichteste und einfältigste fassen könnte, wie er für die Kinder zu lehren sei, wollen wir den ganzen Glauben kurz fassen in drei Hauptartikel, nach den drei Personen der Gottheit , auf die alles, was wir glauben, gerichtet ist… Also wäre der Glaube aufs allerkürzeste in folgende Worte gefasst: Ich glaube an Gott Vater , der mich geschaffen hat; ich glaube an Gott den Sohn, der mich erlöst hat; ich glaube an den Heiligen Geist, der mich heilig macht. – Ein Gott und Glaube, aber drei Personen, darum auch drei Artikel“.

Lied EG 139,1-3: Gelobet sei der Herr…

b) **Erster Abschnitt: „Ich glaube an Gott“** (Credo in Deum)

Liebe Gemeinde!

Das Wort „Gott“ ist auf mehrfache Weise ein ungeheuerlicher und gewaltiger Ausdruck. Wir versuchen, mit diesem Wort den oder das zu fassen, der oder das von uns und unserem Verstehen und Begreifen nicht zu fassen ist. Gott als Schöpfer aller Dinge und Wesen im Himmel und auf Erden, Gott als Urgrund alles Seins und Daseins ist in jeder Richtung so unermesslich, dass Er für uns mit unseren Mitteln nicht zu erreichen geschweige denn irgendwie zu handhaben ist. Wenn uns die Astrophysik lehrt, dass unser Weltall zwischen 15 und 20 Milliarden Lichtjahre Durchmesser hat, so ist schon das jenseits aller

Vorstellungskraft. Erst recht aber der, der dies alles geschaffen hat und dem allem zugrunde liegt. Gott , sofern Er ist und lebt, muss größer sein als dies alles. Das wird uns von alters her über Ihn gelehrt, dass Er allmächtig sei und allgegenwärtig und unsichtbar – und ewig, ohne Anfang und Ende. Denn alles, was Anfang und Ende hat, kann in Wahrheit nicht Gott genannt werden. „Von Ihm und durch Ihn und zu Ihm hin sind alle Dinge. Ihm sei Ehre in Ewigkeit," haben wir vorhin in der Lesung gehört. (Röm.11,36)

Gott kann von uns Menschen demütig geglaubt, anerkannt und angebetet werden. Seine Gottheit und Souveränität ist zugleich so grenzenlos, dass Er sogar von Menschen bestritten werden kann. Wer das tut, kann „Atheist" genannt werden. Dabei will ich einmal unterscheiden zwischen theoretischem und praktischem Atheismus.

Der theoretische Atheismus – aus welchen Gründen auch immer - ist die bewusste Leugnung Gottes in einer mehr oder weniger philosophischen oder sich sonstwie wissenschaftlich verstehenden Weltanschauuung. Da geht es um die Gedankenwelt so bekannter Menschen wie Karl Marx, Siegmund Freud, Friedrich Nietzsche und ihrer jeweiligen Schulen und geistigen Nachfolger.

Der praktische Atheismus ist das Leben, Denken, Planen und Handeln, ohne dabei nach Gott und Seinem Willen zu fragen. Dieser praktische Atheismus kann sich ereignen mitten im Leben der christlichen Gemeinde und mitten im Alltag des ansonsten gläubigen Christen. Das können wir uns an uns selbst klarmachen: welche Entscheidungen in unserem Leben und Handeln bringen wir vor Gott – und was alles tun wir so, als ob Gott für uns gar nicht da wäre?

Der praktische Atheismus kann sich aber auch mit dem theoretischen Atheismus zusammentun oder vermischen. Für uns als Christen wirkt der theoretische Atheismus zunächst bedrohlicher als der praktische, den wir an uns womöglich gar nicht bemerken.

In ungetrübtem Vertrauen glaubte ich als Kind an Gott und besuchte gern die Kindergottesdienste. Es war für mich verwirrend und schockierend, eines Tages beim Heimweg von einem etwas älteren Jungen gesagt zu bekommen: „Es gibt doch gar keinen Gott, das ist doch alles Quatsch, was die uns da in der Kirche erzählen." – Ich nehme an, dass jeder von uns schon in eine ähnliche Lage gekommen ist. In der Rückschau frage ich mich: Wie konnte ich damals trotz dieses Schreckens ein Christ bleiben und an Gott und Christus glauben? - Sicher haben dabei die Menschen eine grosse Rolle gespielt, die uns im Kindergottesdienst die biblischen Geschichten erzählten und mit uns beteten. Ich habe diese Menschen noch geistig vor mir mit ihrer beeindruckenden Übereinstimmung des Inhalts ihrer Worte mit der Güte ihres Umgangs mit uns Kindern und mit ihrer von innen kommenden Begeisterung und Überzeugungskraft für Jesus. Heute würde ich sagen: ihr Glaube und ihr Zeugnis für Gott stammten aus dem Heiligen Geist.

Machen wir uns klar, liebe Gemeinde: v o r dem Ausdruck „Gott“ und v o r diesem Glaubensbekenntnis steht : „ I c h g l a u b e “. Damit ist entschieden, dass wir s e l b s t persönlich beteiligt sein sollen an dem, w a s da geglaubt und bekannt wird. Es geht dabei immer auch um unsere ganz persönliche Entscheidung für den Glauben. Und dieser persönliche Glaube wiederum ist eingebunden in das große Bekenntnis der Christenheit, die das Lob der großen Taten Gottes ausspricht durch das Bekenntnis des Glaubens. „Ich glaube“ – das bedeutet auch: ich anerkenne Gottes Wesen und Gottes Taten, obwohl ich Sein Wesen und Seine Grösse mit dem Verstand nicht begreifen und fassen kann. Ich verlasse mich auf das Glaubenszeugnis der ganzen Christenheit.
Wenn wir mit diesem Ausdruck „ich glaube“ das Bekenntnis beginnen, dann fügen wir uns ein in den großen Chor der Christenheit. „Ich glaube“ – das bedeutet: i c h anerkenne Gottes Wesen und Gottes Taten. Ich verlasse mich auf Ihn. Ich vertraue auf Seine Offenbarung und Selbstoffenbarung in den Zeugnissen, die wir „die Heilige Schrift“ nennen, und die sich widerspiegelt im Glauben und Leben anderer Menschen, die mir begegnen.
Einen anderen Weg zum Glauben haben wir Menschen nicht, als eben nur den Glauben selbst und das Bekenntnis des Glaubens. Nur der Glaube selbst kann andere Menschen zum Glauben rufen und einladen.
Zwischen der Welt des Glaubens und der Welt des Unglaubens - die auch die Welt des Aberglaubens ist – gibt es keine Brücke als nur die Brücke des Bekenntnisses zum lebendigen Gott in Jesus Christus. Zum unserem Bekenntnis hinzukommen muss – wenn es zum Glauben führen soll – aber die Macht und Gnade dessen, auf den sich dieser Glaube richtet. Darum haben wir hier nicht nur den Ausdruck „ich glaube“, sondern darüber hinaus den gesamten Ausdruck „i c h g l a u b e a n G o t t“.
Das ist die Ü b e r s c h r i f t zu allem, was dann im Glaubensbekenntnis gesagt wird. „Ich glaube an Gott“ – damit wird Entscheidendes gesagt – dass wir nämlich nicht allein sind, weder in unserem Leben noch in unserem Glauben. Da ist dieser Andere für uns da, der lebendige Gott, auf den sich unser Glaube richtet, das göttliche Du im Verhältnis zum menschlichen Ich. Die Kraft zum Glauben stammt aus der Kraft dieses Gottes, der den Menschen sucht und findet, der Gott und Herr des alten und des neuen Bundes mit dem Menschen, der Herr der Geschichte und unseres persönlichen Lebens, Gott, der Vater Jesu Christi, Gott in Seiner Offenbarung und in Seiner Verbundenheit mit uns Menschen. Gott, der Schöpfer, der Versöhner und der Erlöser, wie Luther in seiner Zusammenfassung des Bekenntnisses aufzählte.
Wegen Seiner unermesslichen Größe und Ewigkeit kann im vollen Sinn Gott nur durch Gott selbst erkannt und verstanden werden. „Ich glaube an Gott“ heisst darum auch : ich glaube, damit ich Ihn erkenne und Ihn persönlich erfahre in der Kraft Seines Geistes. Dazu verhelfe Er selbst uns allen! Amen.

Lesung: Römer 11,31-36

Lieder EG:
136,1+2: O komm, du Geist der Wahrheit…
432,1-3: Gott gab uns Atem, damit wir leben…
139, 1-3: Gelobet sei der Herr…
580,1-4: Dass du mich einstimmen lässt…
594: Der Himmel geht über allen auf…

2. Teil der Predigtreihe über das Credo : „den Vater, den Allmächtigen"
(Patrem omnipotentem)

2. So. nach Trin., 1.6.2008, Bonhoeffergemeinde Fulda

Liebe Gemeinde!

Die Worte Vater und der Allmächtige gehören untrennbar zusammen, weil in der griechischen und lateinischen Urfassung unseres Glaubensbekenntnisses „allmächtig" als Eigenschaftswort des Vaters steht. Die genaue Übersetzung wäre also: „(ich glaube…)den allmächtigen Vater". Der Vatername Gottes ist auf jeden Fall auch ein Ausdruck des Vertrauens zu Gott und zu Seiner Liebe zu uns. Martin Luther sagte in der Erklärung zur Anrede im Vaterunser in seinem Kleinen Katechismus: „Vater unser im Himmel. – Was ist das ? – Gott will uns damit locken, dass wir glauben sollen, er sei unser rechter Vater und wir Seine rechten Kinder, auf dass wir getrost und mit aller Zuversicht Ihn bitten sollen wie die lieben Kinder ihren lieben Vater."
Nun ist die Bezeichnung Gottes als Vater und gar als allmächtiger Vater nicht unproblematisch. Wir erleben ja selbst oder als Zeugen so schreckliche Ereignis wie Kriege, Katastrophen, menschliches Leid und einzelne furchtbare Verletzungen und Todesfälle auch jüngerer Menschen, wie sie uns etwa in der Notfallseelsorge begegnen. Da können wir an den Rand der Verzweiflung kommen oder auch in die Verzweiflung hinein: „Wie kannst du , Herr, als unser Vater, das zulassen?" Und nun auch noch als a l l m ä c h t i g er Vater!
Der Vatername Gottes ist auch nicht selbstverständlich. Im Neuen Testament begegnet uns Gott als Vater in zweifacher Weise; da gibt es zu E i n e n die Stellen, die von Gott als Vater Jesu Christi sprechen und in denen Jesus selbst von Gott so spricht und Ihn so anredet. Der Vater als die erste Person oder Seinweise des dreieinigen Gottes, können wir zusammenfassend sagen. Für viele biblische Stellen nenne ich hier stellvertretend nur die aus Matth.11, 27: „Jesus sagt: Alle Dinge sind mir übergeben von meinem Vater; und niemand kennt den Vater als der Sohn und wem es der Sohn offenbaren will." (s.a. Joh. 5,23;8,19;14,6;5,37;17,25)
Die z w e i t e Linie des Vaternamens Gottes im Neuen Testament besteht darin, dass Jesus uns Gott auch als u n s e r e n Vater offenbart und uns einlädt, Ihn so zu nennen und anzubeten. Neben der Einsetzung des Vaterunsers nenne ich noch Stellen wie Matth.6, 26:
„Seht die Vögel unter dem Himmel an: sie säen nicht, sie ernten nicht, sie sammeln nicht in die Scheunen; und euer himmlischer V a t e r ernährt sie doch. Seid ihr denn nicht viel mehr als sie?"
Die erste und die zweite Linie des Vaternamens gehören schließlich zusammen. Gottes Wesen als Vater und Sein Name als Vater kommen aus Seiner ewigen Seinsweise als Vater und Sohn, und das Neue Testament bezeugt Seine Liebe zu uns und Seine Offenbarung in Jesus Christus, aus der wir diese Liebe und den

Vaternamen Gottes erkennen. Und durch Jesus Christus allein ist dieser Vatername Gottes nicht nur erlaubt, sondern für uns gesichert: Gott wird nie mehr aufhören, auch unser Vater zu sein.
Im Alten Testament – und das ist von daher nicht zufällig – werden die Worte Gott und Vater nur sehr selten zusammengebracht. Im 103. Psalm heisst es: „Wi e sich ein Vater über Kinder erbarmt, so erbarmt sich der Herr über die, die Ihn fürchten." In 5. Mose 32 wird Israel gefragt: „Ist Er nicht dein Vater und dein Herr? Ist es nicht Er allein, der dich gemacht und bereitet hat?" – Und nur in Jes. 63 wird Gott einmal als Vater a n g e r e d e t : „Bist du doch unser Vater; du, Herr bist unser Vater." –Ansonsten wird im Alten Testament mehr die Größe und Hoheit Gottes ü b e r dem Menschen betont. (s.z.B. Jes.55: eure Wege – meine Wege)
Erst die Offenbarung Jesu Christi als des Sohnes Gottes offenbart Gottes ewiges Wesen als Vater. Denn die Reihenfolge kann nicht so sein, dass wir irgendeinen Begriff von Vater aus dem entwickeln können, was wir als irdische Väter kennen, und dass wir das dann nachträglich auf Gott als ein höchstes Wesen einfach übertragen könnten. – Nein, der Weg muss genau umgekehrt sein: weil Gott Vater i s t , Vater Seines ewigen Sohnes, weil Er zuerst Vater ist in Seiner Ewigkeit , nur darum kann es auf Erden Väter geben. Die Väter auf Erden sind das Abbild des Vaters Jesu Christi. In Epheser 3, 15 lesen wir: „Deshalb beuge ich meine Knie vor dem Vater, der der rechte Vater ist über alles, was da Kinder heißt im Himmel und auf Erden."
Als Herr unseres Lebens ist der Vater zugleich auch unser S c hö p f e r , der sich uns in Seinem Sohn – vor allem in dessen Sterben und Auferstehen – als die L i e b e offenbart, aus der unser Leben stammt. Um Seines Sohnes willen liebt uns Gott von Ewigkeit zu Ewigkeit. Darum dürfen und sollen wir Ihn anreden als unseren lieben Vater im Himmel.

Liebe Gemeinde, wir leben in einer Zeit des Ringens um die Gleichberechtigung der F r a u , und deshalb möchte ich hier der Frage nicht ausweichen, ob etwa mit der Rede von Gott als V a t e r eine Höherwertigkeit des M ä n n l i c h e n vor dem W e i b l i c h e n auf Erden und unter den Menschen begründbar ist. Ich könnte ganz einfach fragen: dürften wir Gott auch als M u t t e r bezeichnen und anreden?
Die vor nicht langer Zeit erschienene Übersetzung „Bibel in gerechter Sprache" versucht ja, in der Übertragung in die deutsche Sprache männliche und weibliche Bilder und Begriffe gleichmäßig auf Gott zu verteilen. Das würde ich mich so nicht einfach getrauen. Es wäre mir zu willkürlich.
An einigen Stellen im Alten Testament allerdings gibt es tatsächlich den Vergleich Gottes mit einer Mutter. Etwa in Psalm 131: „Fürwahr, meine Seele ist still und ruhig geworden wie ein kleines Kind bei seiner Mutter." (s. auch Jes.46,3+4; Jes.49, 14+15)
Oder sehr eindrücklich in Jesaja 66,13: „So spricht der Herr : Ich will euch trösten, wie einen seine Mutter tröstet." – In einem unserer Lieder heißt es: „Mit

Mutterhänden leitet Er die Seinen stetig hin und her. Gebt unserm Gott die Ehre!“ (EG 326,5)
Dennoch würde ich davon abraten, Gott mit „Mutter“ gleichzusetzen oder anzureden. Aus zwei schwerwiegenden Gründen nicht.
Der e i n e Grund ist, dass Jesus Gott als Seinen und unseren V a t e r offenbart. Dieser Grund würde mir persönlich schon genügen.
Es kommt aber z w e i t e n s noch hinzu, dass von einer H ö h e r b e w e r t u n g des Mannes gegenüber der Frau oder einer Höherbewertung irdischer Väter gegenüber irdischen Müttern in der Heiligen Schrift gerade nicht ernsthaft die Rede ist. Was wir dort von Männern und Vätern erfahren, ist für die Männer über weite Strecken beschämend und wenig schmeichelhaft.
Dazu einige Beispiele nur schon aus dem Buch 1. Mose, Genesis:
A d a m sieht sich nicht in der Lage, für seine eigene Schuld einzustehen und sagt kleinlaut zu Gott: “Die F r a u , die du mir gegeben hast, gab mir von dem Baum, und ich aß.“ (3,12)
K a i n erschlägt aus Eifersucht seinen Bruder Abel, und als ihn Gott nach seinem Bruder fragt, sagt er feige und frech: „Ich weiß nicht; soll ich meines Bruders Hüter sein?“ (4,9)
Der ansonsten fromme N o a h , mit den Seinen kaum der Vernichtung durch die Sintflut entronnen, betrinkt sich bis zur Besinnungslosigkeit und präsentiert sich beschämend entblößt seinen entsetzten Kindern, die ihn zudecken müssen. (9,21ff.)
Der große Stammvater Israels, A b r a h a m , zieht zwar mutig los in ein fernes Land, wie der Herr befiehlt, aber bekommt dann wegen seiner schönen Frau Sara vor den Ägyptern Angst und gibt sie furchtsam und zu Unrecht als seine Schwester aus. (12,10-13) Sehen so Vertrauen und Verantwortung aus? Gott selbst muß dann Schlimmeres verhüten.
Abrahams und Saras Sohn I s a a k läßt sich später von seinem Sohn J a k o b mit billigen Tricks den Segen und das Erbe abschwindeln. (Gen.27)
J a k o b seinerseits versagt als Vater pädagogisch völlig, indem er seinen zeitweilig jüngsten Sohn Josef dessen älteren Brüdern hemmungslos vorzieht und verhätschelt. Es kommt so fast zum Brudermord. (Gen.37) Stattdessen wird Josef als Sklave nach Ägypten verkauft. Nur durch Gottes Fürsorge kommt die Familie später heil wieder zusammen. (Gen.46)

Nein, eine Höherstellung und größere Nähe zu Gott kommt bei den irdischen Vätern und Männern im Vergleich zu irdischen Müttern und Frauen vor diesem Hintergrund nicht zustande. Übrigens auch nicht im Blick auf das N e u e Testament. Ich denke an die Jünger, die Jesus in der Stunde der Gefahr und Anfechtung verlassen. Einer hat Ihn gar für Geld verraten. Ein Anderer will mutig sein und geht hinterher. Später verleugnet er Ihn aus Furcht. Selbst der große Apostel P a u l u s darf und muß später erkennen, dass Gottes Kraft gerade in den S c h w a c h e n mächtig ist. (2. Kor.12,9)

Auf der anderen Seite: die F r a u e n um Jesus und in Seiner Nachfolge. Da sitzt Eine zu Seinen Füßen und hört Ihm wirklich zu. Sie hat, wie Jesus sagt, das bessere Teil erwählt. (Luk.10,42) Da kommt eine Andere und trauert so um Seinen kommenden Tod, dass sie Ihn salbt. (Mark.14,3-9) Und da lesen wir von jener Maria aus Magdala , die vor Seinem Grab trauert und die vom auferstandenen Jesus zur ersten Zeugin und Verkündigerin Seines Sieges über den Tod gemacht wird . (Joh.20)

Das mag an Namen und Geschichten hier genügen, um deutlich werden zu lassen, dass der Vatername Gottes vor dem Gesamtzeugnis der Bibel gerade k e i n e Höherstellung des irdischen Männlichen vor dem Weiblichen darstellt oder begründet. Ich wage sogar zu behaupten, dass die Existenz des gläubigen Menschen gerade gegenüber Gott eher weibliche als männliche Züge trägt, wenn wir das Weibliche mit dem Sinn des Empfangenden in eine Verbindung bringen. Philipp Nicolai dichtet in seinem Choral „Wie schön leuchtet der Morgenstern“ so: „Herr Gott Vater, mein starker Held, du hast mich ewig vor der Welt in deinem Sohn geliebet. Dein Sohn hat mich Ihm selbst vertraut, Er ist mein Schatz, ich Seine Braut, drum mich auch nichts betrübet.“ (EG 70,5)Und Paul Gerhardt beschließt sein Passionslied „Ein Lämmlein geht und trägt die Schuld“ mit der Strophe: „Wenn endlich ich soll treten ein in deines Reiches Freuden, so soll dein Blut mein Purpur sein, ich will mich darein kleiden ; es soll sein meines Hauptes Kron, in welcher ich will vor den Thron des höchsten Vaters gehen und dir, dem Er mich anvertraut, als eine wohlgeschmückte Braut an deiner Seite stehen.“ (EG 83,7)

Liebe Gemeinde, diese Besinnung über Gott, den allmächtigen Vater , schließen wir ab mit dem Nachdenken darüber, was es bedeutet, dass wir Ihn als „den Allmächtigen“ bekennen. Dieser Ausdruck wurde z.B. von Hitler und anderen Herrschenden angewendet. Deshalb ist hier Vorsicht angebracht. Allmacht Gottes meint auch nicht, dass Er etwa viereckige Dreiecke macht oder ähnliches. Gottes Allmacht ist in der Bibel oft benannt, etwa in Matth. 19,26. „Bei Gott sind alle Dinge möglich.“ (s. auch Hiob 42,1; Psalm 115,3)
Seine Macht ist unermesslich, Seine Macht ist w i r k l i c h e Macht. Kein Gott ist außer Ihm, Er hat keinen ernstzunehmenden Konkurrenten. Aus der Heiligen Schrift können wir ausserdem erkennen: seine Allmacht bezieht sich auf das, was Er w i l l , auf das, was Er sich v o r g e n o m m e n hat. Es ist die Allmacht Seiner göttlichen F r e i h e i t und die Allmacht Seiner Erwählung.
Und umgekehrt gilt deshalb: in seiner Freiheit setzt Gott Seiner Allmacht selbst eine G r e n z e . Seine Allmacht endet an der Grenze dessen, was Er n i c h t will. Seine Allmacht endet an der Grenze dessen, was mit Seiner Erwählung nichts mehr zu tun hat, was durch Seine Gnadenwahl geradezu verworfen und ausgeschlossen ist. Mit anderen Worten: Gott k a n n n i c h t ohnmächtig werden. Er kann sich nicht selbst u n t r e u werden. Gott k a n n n i c h t sündigen. Er k a n n n i c h t aufhören, der Vater zu sein. Er kann nicht tun,

was Er nicht w i l l . Er kann Seine Allmacht nicht trennen von Seiner Liebe, von Seiner Weisheit und von Seiner Gerechtigkeit. Die Grenze des Ihm Möglichen ist das, was Seinem ewigen Wesen widerspricht.
Jede sinnvolle Aussage unsererseits über Seine Allmacht muß mit Gottes W o r t begründet werden. Und Gottes Wort bezeugt, dass Er die Summe und der Inbegriff a l l e r Mächte ist. Auch den Mächten, die g e g e n Ihn sind – und die aus dem Nichtigen, aus dem nicht von Ihm Geschaffenen stammen, die Sünde, der Tod, der Teufel – auch diesen Mächten gegenüber steht Er nicht o h n m ä c h t i g gegenüber. Vielmehr ist Er der Einzige, der sie besiegen kann – und der sie besiegt h a t in der Auferstehung und Erhöhung Seines Sohnes. In den Ereignissen, die wir „Wunder“ nennen, zerbricht Er ihre gegengöttliche Macht und lässt Er schon zeichenhaft deutlich werden, was wir einmal sein werden, wenn wir Ihn sehen von Angesicht zu Angesicht. Wenn Er einmal „Alles in Allem“ sein wird, wie Paulus in 1. Kor. 15 schreibt. Bis dahin ist in Seiner Allmacht all das schon aufgehoben, was unser Leben betrifft und ausmacht, und auch alles das, was uns so zu schaffen und traurig und ratlos macht – auch all die Katastrophen und das Leid von Mensch und Kreatur, das ich zu Anfang nannte. Zu Seiner Allmacht wird dann auch gehören, dass Er uns einst unsere Fragen nach dem Sinn beantwortet. Der Theologe Karl Barth schrieb dazu: „Wir können in die Sünde und in die Hölle fallen, wir können aber aus dem Bereich des Wissens Gottes und also aus dem Bereich Seiner Gnade und Seines Gerichtes ... n i c h t herausfallen. Das ist der Trost und die Mahnung der Wahrheit, der Allwissenheit Gottes.“
Johannes schreibt: „Gott ist größer als unser Herz und Er kennt alle Dinge.“ (1.Joh.3,20)
Amen.

Lesung: Mark.10 , 13-16 (Taufe) Psalm: 36 (EG 719)

Lieder EG:
133,1: Zieh ein zu deinen Toren...
501,1-4: Wie lieblich ist der Maien...
617,1: Ich bete an die Macht der Liebe...
200,1-4: Ich bin getauft auf deinen Namen...
379,1-5: Gott wohnt in einem Lichte...
188: Vater unser, Vater im Himmel...

3.Teil der Predigtreihe über das Credo: „den Schöpfer des Himmels und der Erde“ (creatorem coeli/caeli et terrae)

4.So.n.Trin. , 15.6.2008 in der Bonhoeffergemeinde Fulda

Lesung der Schöpfungsgeschichte Genesis1,1 – 2,4a (rev. Lutherbibel) mit verteilten Sprecherrollen durch die Konfirmandengruppe, danach gemeinsames Glaubensbekenntnis und Lied 326,1-3+9

Liebe Gemeinde!

„Ich glaube an…den Schöpfer des Himmels und der Erde.“ – Mit diesen Worten wird das Ungeheuerliche und Unvorstellbare ausgesagt, dass Gott in Seiner Ewigkeit beschloß, etwas zu schaffen und zu setzen, was vorher gar nicht da war. Indem Gott Himmel und Erde schafft samt allen ihren Bewohnern und Wesen und Dingen , schafft Er das , was tatsächlich von Ihm selbst unterschieden ist. Er schuf die von Ihm v e r s c h i e d e n e Wirklichkeit des Geschaffenen. Dieses Geschaffene kann zwar nur aus Ihm stammen und bleibt in seinem Bestand jederzeit von Ihm abhängig, aber das Geschaffene i s t nicht Er selber, ist auch nicht ein Teil von Ihm. Vielmehr ist es ein Eigenes, eine von Ihm unterschiedene Wirklichkeit. Weil es das Geschaffene ohne diesen Schöpfungsakt nicht gäbe , sagen wir auch: Gott schuf aus dem N i c h t s . Aber das kann nur dieser E i n e , dessen Sein und Leben von nichts Anderem abhängig ist, sondern der allein durch sich selbst lebt von Ewigkeit zu Ewigkeit. Er allein kann wirklich Gott genannt werden. Von Ihm schrieb Paulus, dass Er der Gott sei, „der die Toten lebendig macht und der das, was nicht ist, ins Dasein ruft.“ (Röm.4,17)
Diesen Gott, der alles ins Dasein gerufen hat, bezeugt von allen biblischen Geschichte und Texten am eindrücklichsten und in nicht zu überbietender Weise jene Geschichte auf den beiden ersten Seiten der Bibel, die wir eben in der Lesung durch die Konfirmanden hörten.
Einzigartig im Vergleich zu allen anderen Geschichten der Bibel ist sie schon allein dadurch, dass in ihr nur Gott und Er allein der Handelnde ist. Da tritt noch kein Geschöpf auf, das seinerseits selber handelt. Das kommt erst jenseits dieser Geschichte, wo Gott mit dem Menschen eine Beziehung, einen Bund, wie die Bibel sagt, schließt. Hier in der Schöpfungsgeschichte aber ist auf der e i n e n Seite nur G o t t e s Reden, Wollen und Schaffen- und auf der a n d e r e n Seite das r e i n e W e r d e n des Geschaffenen, der Kreatur, der Geschöpfe, die vorher nicht da waren. Auch in diesem reinen Werden des Geschöpfs ist diese Geschichte in der Bibel einzigartig. Sie ist übrigens auch über die Bibel hinaus einzigartig. Es gibt in den ausserbiblischen Geschichten der anderen Kulturen und Völker keine wirkliche Schöpfungsgeschichte von reinen Werden des Geschaffenen.

Und weil es in der Schöpfungsgeschichte um den allein schaffenden Gott und um das reine Werden des Geschaffenen als Himmel und Erde geht, darum entzieht sich diese Geschichte auch aller menschlichen Zeugenschaft und menschlichen Beobachtung. Sie entzieht sich so auch der naturwissenschaftlichen Beobachtung und Nachprüfbarkeit. Die Naturwissenschaften behandeln die Dinge und Vorgänge , wie sie d a sind und sich uns darstellen. Das reine Werden aber kann nicht ihr Thema sein. Das reine Werden kann nur Thema des Glaubens sein, wie der Hebräerbrief sagt: „Durch G l a u b e n erkennen wir, dass die Welten durch ein Wort Gottes bereitet worden sind, damit nicht etwa aus wahrnehmbaren Dingen das Sichtbare entstanden sei.“ (Hebr.11,3)

Die Erschaffung von Himmel und Erde entzieht sich unserer menschlichen Wahrnehmung. Aber was wir an der Schöpfung wahrnehmen können, ist: sie ist in einer bestimmten O r d n u n g geschaffen und mit einer Einrichtung und Ausstattung, die es Tieren und Menschen ermöglichen, in dieser Schöpfung zu leben und in ihr versorgt zu sein mit allem, was zum Leben nötig ist.

In der Schöpfungsgeschichte der Bibel wird das deutlich dadurch, wie diese Geschichte aufgebaut und gegliedert ist : erst werden von Gott die einzelnen Lebensbereiche geschaffen und gegen Gefahren gesichert – und dann werden die Dinge und Wesen geschaffen, die in diese Räume gehören sollen: ins Wasser, an die Feste des Himmels oder auf trockenes Land.

Der erste Vers „Am Anfang schuf Gott Himmel und Erde.“ ist die Überschrift über allem, was dann kommt. Und bevor das Erste geschaffen wird – das Licht – kommt nur kurz in den Blick, was die Schöpfung auch sein k ö n n t e : eine chaotische und unbewohnbare Welt : „Die Erde war aber wüst und öde – hebräisch: tohuwabohu – und Finsternis lag auf der Urflut.“- In einer solchen Welt könnte niemand leben, aber gerade eine solche Welt wird durch Gottes Wort und Schöpfung verworfen. Dass Gott dieser Chaoswelt Seine gute Schöpfung entgegensetzen wird , kündigt sich schon an in dem Wort: „Und der Geist Gottes schwebte über den Wassern.“

Am ersten Tag der Schöpfungswoche schafft Gott das Licht und den Wechsel von Tag und Nacht bei Seiner Schöpfung. Das ist nicht dasselbe wie der Wechsel von Tag und Nacht für die Geschöpfe, für uns. Denn das wird hier erst am vierten Tag der Schöpfungswoche durch die gesetzten Himmelskörper Sonne, Mond und Sterne möglich. Beim ersten Tag geht es aber allein um G o t t e s Zeit und Geschichte, über die wir keinen Überblick haben, was und wie viel das sein könnte: ein Tag Gottes, ein Tag Seiner Schöpfung. Die Schöpfungsgeschichte rechnet diese Zeit Gottes nicht auf unsere Zeit um.

Gleichzeitig gilt vom biblischen Zeugnis her: die Tage Gottes sind wirkliche Tage und wirkliche und göttliche Zeit, die wir Ewigkeit nennen. Gottes Zeit ist die Ewigkeit. Die Schöpfung Gottes vollzog sich in wirklicher Zeit Gottes, weil sie eine wikliche T a t Gottes ist. Gottes Schöpfung ist der Anfang aller übrigen Geschichte Gottes mit dem Geschöpf. Die Schöpfung ist Gottes e r s t e Tat in der langen Geschichten Seiner Taten mit dem Geschöpf, mit uns und für uns.

Die Tage zwei bis sechs der Schöpfungsgeschichte erzählen die Erstellung der Schöpfungswelt, also zuerst der Lebensbereiche und Daseinsbereiche – und danach die Erschaffung der Wesen und Dinge, die in diese Bereiche gesetzt werden. Die sozusagen selbstständigen Wesen des Wassers , des Luftraums und des Erdbodens empfangen Gottes besonderen Segen der Fruchtbarkeit. Sie alle wären es wert, besonders ins helle Licht unserer Betrachtung gestellt zu werden. Es sind wundervolle Wesen mit wunderbaren Eigenschaften und Fähigkeiten – wie z.B. der im Unterricht erwähnte Goldregenpfeifer, der ohne äussere Anleitung die 4500 km zwischen Alaska und Hawaii in einem Stück in 88 Stunden durch Tag und Nacht hindurch fliegt. Wer hat ihn das gelehrt? Wer hat ihm den Weg gewiesen?
Über alle Pflanzen und Tiere wird gesagt, dass Gott sie geschaffen hat je nach ihrer Art. Und Am Ende der Schöpfungswoche wird gesagt: „Und Gott sah an alles, was er gemacht hatte – und siehe, es war sehr gut.“ Die Schöpfung war dazu geeignet , was Gott mit ihr vorhatte. Auch die Ruhe Gottes am siebten Tage ist das Zeugnis dafür, dass dieses Werk der Schöpfungswoche perfekt und in sich abgeschlossen war und ist. Die von Gott geschaffene Erde samt ihrer Sicherung zum Weltall hin bedurfte und bedarf keiner Verbesserung durch uns. Wir werden nirgendwo aufgefordert , etwa eine lebende Art auszurotten . Auch nicht dazu, im Labor den Schöpfer neuer Lebensarten zu spielen. Wir sind nicht der erste und letzte Herr über Gottes Schöpfung.
Unüberhörbar läuft die Schöpfungsgeschichte bei der Aufzählung der Geschöpfe auf den M e n s c h e n zu. Das ganze Zeugnis der Bibel läuft darauf hinaus, dass Gott mit dem Menschen in einer ganz besonderen Beziehung der Liebe, der Erwählung des Menschen und des Bundes mit ihm steht. Der Entschluß Gottes, Himmel und Erde zu schaffen, hat zentral mit seinem Entschluß zu tun, den Menschen zu schaffen. Darum geht es um mehr als dass dieser Mensch über den anderen Geschöpfen steht und über sie herrscht.
„Und Gott sprach: Lasset uns Menschen machen, ein Bild, das uns gleich sei…Und Gott schuf den Menschen zu Seinem Bilde, zum Bilde Gottes schuf Er ihn; und schuf sie als Mann und Frau.“ (V.27)
Schon der Plural ist hier auffällig: „Lasset u n s .“ Und was soll es heißen, dass der Mensch zum Bilde Gottes geschaffen ist? – Vom Neuen Testament her reden wir von Gott als dem dreieinigen – Vater, Sohn und Heiliger Geist. Von dort aus dürfen wir sagen: weil Gott in sich selber nicht einsam, sondern in der Gemeinschaft des Vaters und des Sohnes im Geiste ist, darum schafft Er auch a u s s e r h a l b Seiner selbst das Geschöpf, mit dem er sich in göttlicher Liebe verbindet. Darum setzt Er die von Ihm unterschiedene Schöpfung aus dem Nichts. Er setzt in Seiner Freiheit und aus der Liebe zwischen Vater und Sohn das Geschöpf, das nicht mit Ihm identisch, sondern von Ihm verschieden ist. Mit der Schöpfung wendet sich die Liebe, die Gott in sich selber hat, nach außen. Das Neue Testament bezeugt uns diese zugrundeliegende Gemeinschaft Gottes des Vaters und des Sohnes. Im Anfang des Johannesevangeliums wird der Sohn „das Wort“ genannt.

Wir hören die ersten 4 Verse und Vers 1, 18 des Johannesevangeliums:

LESUNG Johannes 1,1-4+18

In Kolosser 1 steht:

LESUNG Kolosser 1, 15-17

Von daher wird deutlich, was es heißt, dass wir Menschen zu Gottes Bilde geschaffen sind: das Verhältnis zwischen Gott Vater und Gott Sohn soll sich abbilden und widerspiegeln im Verhältnis zwischen Gott und dem Menschen. Und das Verhältnis zwischen Gott und uns Menschen soll sich abbilden im Verhältnis der Menschen untereinander – zuallererst im Miteinander und Gegenüber als Mann und Frau, wie in der Schöpfungsgeschichte sogleich hinzugesagt wird. Von daher ist es kein Zufall, dass im Alten Testament das Verhältnis von Gott zu Israel als Bild von Mann und Frau auftaucht – und im Neuen Testament Jesus Christus und Seine Gemeinde im Bild von Bräutigam und Braut. Wir können daran ermessen, dass wir den ersten Glaubensartikel von Gott dem allmächtigen Vater und dem Schöpfer des Himmels und der Erde nicht trennen oder losreissen können vom Zweiten und Dritten Glaubensartikel. Das alles gehört zusammen. In alledem geht es um den B u n d Gottes mit uns Menschen.
In der Schöpfungsgeschichte ist der Mensch das einzige Lebewesen, das nicht in verschiedenen Arten geschaffen wird, sondern nur in dieser Unterscheidung von Mann und Frau. Damit ist auch darüber entschieden, dass alle Menschen rund um den Erdball für Gott von gleichem Wert sind - unabhängig von ihrer Nation, ihrer Rasse oder was auch immer.
Aus dem biblischen Zeugnis vom Menschen als Gottes Bild stammt geistig – und übrigens auch historisch - alles das , was wir die Menschenrechte oder die Grundrechte etwa unserer Staatsverfassungen nennen.
Gott befindet im eigenen Urteil Seine Schöpfung als „sehr gut“, haben wir gehört. So lädt uns diese Schöpfungsgeschichte zur Dankbarkeit gegenüber dem Schöpfer ein. Der siebte Tag als Ruhetag lädt uns besonders dazu ein, für alle Wohltaten Gottes an uns zu danken.
Dankbarkeit gegenüber dem Schöpfer bedeutet zugleich unsere Liebe und Sorgfalt gegenüber dem, was Er geschaffen hat. Es bedeutet die Würde der Geschöpfe und die Würde ihrer Arten zu achten, die in gewisser Weise in unsere Hand gegeben sind. Wir nehmen nicht ohne Trauer und Scham zur Kenntnis, dass Gottes Geschöpfe unter unserer Gedankenlosigkeit auch zutiefst zu leiden haben.
Indem wir Gott als den erkennen, der uns in Jesus Christus so grenzenlos liebt, wird unser Herz frei auch zu einem dankbaren Dienst an Seinen Geschöpfen. Auch das gehört zu den wichtigen Berufungen der Christenheit auf Erden.

„Sei gepriesen, du selbst bist Mensch geworden! Sei gepriesen für Jesus, unsern Bruder! Sei gepriesen, wir tragen Seinen Namen! Sei gepriesen, denn du bist wunderbar, Herr!“ (EG 515,7)
Amen.

Psalm: 8

Lieder EG:
156: Komm, Heiliger Geist…
324,1-7: Ich singe dir mit Herz und Mund…
326,1-3+9: Sei Lob und Ehr dem höchsten Gut…
515: Laudato si…

4.Teil der Predigtreihe über das Credo: „und an Jesus Christus, Seinen eingeborenen Sohn, unseren Herrn, empfangen durch den Heiligen Geist , geboren von der Jungfrau Maria“ (et in Iesum Christum, filium eius unicum, Dominum nostrum, qui conceptus est de Spiritu Sancto, natus ex Maria virgine)

Bonhoeffergemeinde Fulda am 11. So.n.Trin., 10.8.2008

Liebe Gemeinde!

Mit dem zweiten Glaubensartikel über Jesus Christus betreten wir die Mitte und das Herzstück unseres Glaubens. Wir stehen soz. vor dem „Hauptaltar“ unseres Glaubens.
Laut dem Ergebnis einer Repräsentativumfrage zu Jesus quer durch die deutsche Bevölkerung gibt es eine grosse Gruppe von Menschen , die glauben, dass Gott Jesus , Seinen Sohn, zu den Menschen gesandt hat, um sie zu erlösen, und dass Er von den Toten auferweckt wurde, und dass man zu Ihm beten kann. Eine etwa gleich grosse Gruppe dagegen sagte, dass Jesus nur ein Mensch war, aber ein großer Mensch, der die Menschen zum Guten führen wollte, und dass Er heute noch ein Vorbild sein kann. Beide Gruppen haben jedenfalls eine überwiegend positive Meinung über Jesus, und nur eine verbleibende Minderheit steht Ihm abweisend gegenüber.
Diese verschiedenen Einschätzungen wird es auch bei unseren Kirchenmitgliedern geben.
Allerdings kann nur die erste Gruppe – die Jesus Christus als Gottes Sohn sieht – für sich in Anspruch nehmen, auf dem Boden des Neuen Testaments und des Apostolischen Glaubensbekenntnisses zu stehen. Das Neue Testament sagt von der ersten bis zur letzten Seite nichts Anderes über Jesus, als dass Er der Herr sei, und dass Er selber Gott sei, und dass Er der Sohn Gottes sei, dessen Leben schon bis in die göttliche Ewigkeit zurückreicht.
Für den Menschen Jesus von Nazareth o h n e Seine göttliche Herkunft und ohne Sein göttliches Wesen interessiert sich das Neue Testament nicht. Das mag auch erklären, wieso wir nichts über Ihn erfahren in Bezug auf die Zeit zwischen den Geschichten über Seine Geburt – da geht es um Seine göttliche Herkunft – und Seinem Auftreten im Tempel und dann in Galiläa und Judäa und Jerusalem.
Die an Ihn glauben, haben erlebt , dass Er der Herr ist, der Kyrios. Das aber ist der Name für Gott selber im Alten Testament. In 1. Kor.8,6 sagt Paulus: „Wir haben nur e i n e n Gott, den Vater, von dem alle Dinge sind und wir zu Ihm; und e i n e n Herrn, Jesus Christus, durch den alle Dinge sind und wir durch Ihn.“
Jesus Christus w i r d nicht der Sohn Gottes durch Seine Taten, sondern Er i s t selber Gott von Ewigkeit her. Beim Anfang des zweiten Artikels, bei den Worten „ich glaube an Jesus Christus , Seinen eingeborenen Sohn, unseren Herrn, empfangen durch den Heiligen Geist, geboren von der Jungfrau Maria“,

bei diesen Worten geht es um seine göttliche Herkunft und um Seine Menschwerdung. Wir dürfen auch sagen: es geht um Seine Person. Und damit geht es um Seine Einheit mit Gott dem Vater und um Seine Zuordnung und Unterscheidung zum Vater. Davon handelt über weite Stecken besonders das Johannesevangelium. An dessen Anfang wird der Sohn „das Wort“ genannt, und darüber heißt es dort: „Im Anfang war das Wort, und das Wort war bei Gott, und Gott war das Wort...Alle Dinge sind durch dasselbe gemacht, und ohne dasselbe ist nichts gemacht, was gemacht ist....Und das Wort ward Fleisch und wohnte unter uns, und wir sahen Seine Herrlichkeit, eine Herrlichkeit als des eingeborenen Sohnes vom Vater, voller Gnade und Wahrheit.... Niemand hat Gott je gesehen; der Eingeborene, der Gott ist und in des Vaters Schoß ist, der hat Ihn uns verkündigt. “ (1, 1.3.14.18.)Und als Psalm haben wir heute mit Philipper 2 gebetet: „Er, der in göttlicher Gestalt war, hielt es nicht für einen Raub, Gott gleich zu sein, sondern entäußerte sich selbst und nahm Knechtsgestalt an, ward den Menschen gleich und der Erscheinung nach als Mensch erkannt. Er erniedrigte sich selbst und ward gehorsam bis zum Tode....“. Das neutestamentliche Zeugnis in dieser Richtung ist riesig groß.

Nach der Abfassung der neutestamentlichen Schriften hat die junge Christenheit dann mehrere Jahrhunderte lang mit Eifer – teilweise auch verbissen –mit der Frage gekämpft, wie sich die Göttlichkeit Jesu Christi genau zu Seiner Menschlichkeit verhält, das Ringen um die zwei „Naturen“ Christi, wie es hieß. Auch über die Frage, ob Gott der Vater und Gott der Sohn wesensg l e i c h seien, oder ob nur wesensä h n l i c h ? - Diese Streitigkeiten in der Alten Kirche fanden einen vorläufigen Abschluß im 4. Jahrhundert durch die Verabschiedung des Bekenntnisses, das wir das Nicänum nennen, in unserem EG abgedruckt unter der Nummer 805. Da ging es darum, dass Jesus Christus kein M i t t e l w e s e n zwischen Gott und Mensch ist, sondern dass Er beides in voller Bedeutung ist: w a h r e r M e n s c h und w a h r e r G o t t . Darüber heißt es im Nicänum zu Anfang des Zweiten Artikels:
„Wir glauben an den einen Herrn Jesus Christus, Gottes eingeborenen Sohn, aus dem Vater geboren vor aller Zeit:
Gott von Gott, Licht vom Licht, wahrer Gott vom wahren Gott, gezeugt, nicht geschaffen, eines Wesens mit dem Vater; durch ihn ist alles geschaffen.
Für uns Menschen und zu unserem Heil ist Er vom Himmel gekommen, hat Fleisch angenommmen durch den Heiligen Geist von der Jungfrau Maria und ist Mensch geworden.“
Mit der Formulierung „Wir glauben an den e i n e n Herrn Jesus Christus“ soll sichergestellt werden, dass Sein Herrsein keine abgeleitete Herrschaft ist, sondern Seine eigene Herrlichkeit von Ewigkeit her in Einheit mit dem Vater.
Mit dem Ausdruck „Gottes eingeborenen Sohn“ soll sichergestellt werden, dass es eine zweiten und anderen ewigen Sohn nicht geben wird.

Mit dem Ausdruck „aus dem Vater geboren vor aller Zeit“ soll sichergestellt werden, dass Christus nicht geschaffen wurde, sondern dass Er ewig beim Vater war und selber Gott ist.
Mit den Ausdrücken „Licht vom Licht, wahrer Gott vom wahren Gott, gezeugt, nicht geschaffen“ soll sichergestellt werden, dass in Gott selber die Unterscheidung und gleichzeitige Einheit Seiner drei Seinsweisen als Vater, Sohn und Heiliger Geist ist. Auch wenn wir diese Dreieinigkeit mit unserem Verstand und unserer Vorstellungskraft noch nicht begreifen können, so können wir sie aufgrund des biblischen Zeugnisses doch bezeichnen und im Bekenntnis nachsprechen. Das geschieht mit unserer brüchigen und stammelnden Sprache. So versuchen wir mit dem Ausdruck „gezeugt, nicht geschaffen“ , uns stammelnd dem zu nähern, dass in Gott selber ein Abhängigkeitsverhältnis des Sohnes vom Vater vorliegt. Der Sohn geht vom Vater aus – und nicht umgekehrt. Diese Reihenfolge ist nicht umkehrbar. Die Ordnung vom Vater zum Sohn ist die Ordnung von Gott her zu Gott hin. Mehr lässt sich dazu nicht sagen, ohne ins Phantasieren zu geraten.
Christus als das eine Wort Gottes geht aus vom Vater. Weil der Sohn vom Vater nicht zu trennen ist, heißt es hier im Bekenntnis: „Er ist eines Wesens mit dem Vater, durch Ihn ist alles geschaffen.“ Also liegt der Grund unseres Daseins ganz in Ihm. Der ewige Sohn Jesus Christus ist der Grund unseres Daseins. Darum sagt das Johannesevangelium: „In Ihm war das Leben.“
Was wir heute hier außerdem über die ersten Worte des Zweiten Glaubensartikels zu bedenken haben: wir beten ja nicht nur den Gottessohn vor aller Zeit und Welt und als Schöpfungswort Gottes an, sondern zugleich als den, der um unseretwillen Fleisch angenommen hat und Mensch wurde. Dieses Geheimnis gibt unser Bekenntnis wieder mit dem Ausdruck: „empfangen durch den Heiligen Geist, geboren von der Jungfrau Maria“.
Gerade die Sache mit der Jungfrau Maria als Mutter Jesu ohne einen irdischen biologischen Vater bereitet vielen Theologen und durchaus gläubigen Christen Schwierigkeiten. Und so mangelt es nicht an theologischen Versuchen, das, was an diesem Punkt die Evangelisten Matthäus und Lukas bezeugen und erzählen, in seiner Bedeutung irgendwie herunter zu spielen. Doch zur Abschwächung und Verwässerung dieser Texte besteht kein theologisch ausreichender Anlass. Auch der scheinbar fromme Einwand, Gott bedürfe doch in seiner Allmacht nicht ausgerechnet einer Jungfrauengeburt, um Mensch zu werden, wird blass angesichts der Tatsache, dass das Neue Testament nun einmal nur diese einzige Form der Menschwerdung des Gottessohnes kennt und benennt. Es ist wohl wahr , dass das eigentliche Wunder die Menschwerdung Gottes ist, dass also die Jungfrauengeburt Jesu nur das Zeichen dieses Wunders ist, nicht das Wunder selbst. Doch machen wir uns zugleich klar, das das Neue Testament eben diese Menschwerdung zusammen mit diesem Zeichen verkündigt: „geboren von der Jungfrau Maria.“ Diese Form - Jungfrauengeburt – hat nämlich viel mit dem Inhalt - dem Wunder der Menschwerdung – zu tun! Denn das Bekenntnis „geboren von der Jungfrau Maria“ ist zugleich das

Bekenntnis zur grenzenlosen V e r b o r g e n h e i t der Wahrheit, dass Jesus Christus wahrer Gott u n d wahrer Mensch ist. Hier wird eine G r e n z e gezogen gegenüber allem m e n s c h l i c h e n Vermögen und Begreifen! Das Bekenntnis zur Jungfrauengeburt ist wie eine Wache vor der Tür, die sicherstellt, dass es sich hier nur um G o t t e s Tun handelt, nur um Sein Geheimnis, nur um Seine freie Gnade. Eine menschliche M i t w i r k u n g an diesem Wunder ist hier ganz ausgeschlossen! „Geboren von der Jungfrau Maria“ bedeutet im verneinenden Sinn: Jesu Geburt o h n e menschlichen Vater. Der ewige Vater des ewigen Sohnes braucht keinen menschlichen Vater, um Seinen Sohn Mensch werden zu lassen. Und im bejahenden Sinn bedeutet „geboren von der Jungfrau Maria“ : Er wird wirklich Mensch, indem Er eine menschliche Mutter hat, die erwählte Maria – aber erwählt nicht etwa, weil sie sündlos wäre, sondern erwählt dazu, bloß dieses Geheimnis zu e m p f a n g e n und dafür b e r e i t zu sein, bloß etwas an sich geschehen zu lassen. So sagt sie bei der Nachricht ihrer kommenden Schwangerschaft: „Siehe, ich bin des Herrn Magd.“ Sie wird ein Mensch bleiben und nicht etwa selber vergöttlicht. Denn nicht sie ist der Ort, wo Gottheit und Menschheit sich vereinen, sondern dieser Ort ist Jesus Christus allein! Zu einer Anbetung und göttlichen Verehrung Marias –wie sie seit dem 4. Jahrhundert Kreise zog - fordert deshalb das Neue Testament nirgendwo auf.

Der davorstehende Ausdruck „empfangen durch den Heiligen Geist“ bedeutet nicht, dass nun der Heilige Geist an die Stelle eines menschlichen Vaters getreten wäre. Es geht nicht um eine Art von Vermählung und Vereinigung zwischen dem Heiligen Geist und Maria. Solche Geschichten gehörten in heidnische Göttersagen, aber nicht ins Herz des christlichen Bekenntnisses, mit dem wir es hier beim Wunder der Weihnacht zu tun haben.

Der Heilige Geist – über den wir in einigen Wochen hier ausführlicher nachdenken – ist Gott selber als der, der sich in Seiner Freiheit und Allmacht entschlossen hat, in seinen Geschöpfen gegenwärtig zu sein und mit ihnen eine Geschichte, einen Bund zu haben. Darum wird der Heilige Geist im Bekenntnis über die Menschwerdung Gottes hier genannt. Der Heilige Geist ist auch der geheimnisvolle Weg Gottes zu uns und zu unserem Innersten. Der Heilige Geist ist schließlich der, der unser Herz zu Jesus Christus hinwenden und uns den Glauben schenken will.

Liebe Gemeinde, es genügt ja nicht, sich biblisch, verstandesmäßig oder theologisch alles zur Person Jesu Christi klarzumachen, über Seine Gottheit und über Sein Menschsein. Es soll ja dahin kommen, dass wir zu Jesus Christus lebendig dazugehören wollen. Das Evangelium beruft uns ja nicht nur zu einem bestimmten Wissen und Inhalt des Glaubens. Das Evangelium von Jesus Christus will uns in der Nachfolge Jesu rufen. Jesus Christus wurde Mensch um unserer Seligkeit willen, die schon jetzt beginnen soll. Das lädt uns dazu ein, diesen Jesus Christus als Herrn u n s e r e s Lebens zu suchen und zu erfahren .

Als Jesus von vielen Menschen um Ihn herum verlassen wurde, fragte Er Seine engsten Jünger: „Wollt ihr auch weggehen?“ – Da antwortete Ihm Simon Petrus: „Herr, wohin sollen wir gehen? Du hast Worte des ewigen Lebens; und wir haben geglaubt und erkannt, dass du der Heilige Gottes bist.“ (Joh.6,67ff)In seinem Buch „Nachfolge“ sagt Dietrich Bonhoeffer: „(Das ist) das Wunder aller Wunder. Gottes Sohn wird Mensch. Das Wort ward Fleisch. Der von Ewigkeit her in der Herrlichkeit des Vaters war...nimmt die Menschheit an ..., indem Er menschliches Wesen, menschliche ´Natur´, ´sündliches Fleisch´ , menschliche Gestalt annimmt.... Gott nimmt die Menschheit an, nicht mehr allein durch das gepredigte Wort, sondern im Leibe Jesu. Gottes Erbarmen schickt Seinen Sohn ins Fleisch, damit er mit dem Fleisch die ganze Menschheit selbst auf sich lade und trage.“ (Seite 208).
Damit, liebe Gemeinde, sind wir bei dem, was der menschgewordene Gottessohn durch Seinen irdischen Weg zum Kreuz vollbracht hat. Wir sind bei Seinem Werk unserer Versöhnung mit Gott. Und damit sind wir bei dem, was unser Glaubensbekenntnis mit den Worten zusammenfasst: „gelitten unter Pontius Pilatus, gekreuzigt, gestorben und begraben, hinabgestiegen in das Reich des Todes, am dritten Tage auferstanden von den Toten.“
Amen.

Lesung: Hebräer 1, 1-5

Psalm : Phil. 2 (EG 760)

Lieder EG:
124,1+2: Nun bitten wir den Heiligen Geist...
391,1-4: Jesu, geh voran...
317, 1-4: Lobe den Herren...
331, 1+10+11: Grosser Gott, wir loben dich...
123, 1-4: Jesus Christus herrscht als König...
562: Segne und behüte...

Neutestamentliche wichtige Stellen :

Matth. 1+2; 11,16.27.; Luk.1, 26-38; Luk.2
Epheser 4,10; 1. Kor.8,6
Phil.2,5-11; Joh.1; 5,26;6,67ff;8,58; 10,10;14,6;17,5.24-26.;
Hebr.1,1-5; Off.1,8

5.Teil der Predigtreihe über das Apostolische Glaubensbekenntnis

„gelitten unter Pontius Pilatus, gekreuzigt, gestorben und begraben, hinabgestiegen in das Reich des Todes" (passus sub Pontio Pilato crucifixus mortuus et sepultus descendit ad inferna/inferos)

7. September 2008, 16. So. n. Trin., Bonhoeffergemeinde Fulda

Liebe Gemeinde!

Auch bei diesen Worten werden wir auf der ganzen Linie bedenken müssen, was wir uns zum Anfang des 2. Glaubensartikels klargemacht haben: Jesus Christus ist wahrer Gott, vom Vater in Ewigkeit geboren, und zugleich wahrer Mensch, von der Jungfrau Maria geboren. Hier nun, in Jesu Leiden, Sterben und Begrabenwerden wird vollends deutlich, dass der Sohn wirklich Mensch geworden ist. Gott selber ist Mensch geworden. Auch beim Sterben des Sohnes am Kreuz gilt die ewige Einheit und gleichzeitige Unterscheidung Gottes des Vaters und des Sohnes. Einheit u n d Unterscheidung erreichen hier ihren Höhepunkt. Die U n t e r s c h e i d u n g in dem merkwürdigen Kreuzeswort: „Mein Gott, warum hast du mich verlassen?" – Und die E i n h e i t in dem Kreuzeswort am Ende: „Es ist vollbracht." – Einheit u n d Unterscheidung hören wir aus dem Wort Jesu im Garten Gethsemane: „Vater, ist es möglich, so laß diesen Kelch an mir vorübergehen, aber nicht wie i c h will, sondern wie d u willst." - Es ist der G e h o r s a m des Sohnes, der sich in Seinem Weg zum Kreuz vollendet: „Ja, Vater, ja von Herzensgrund, leg auf, ich will dir´s tragen." (EG 83,2) Jesu Weg ins Leiden ist vorgezeichnet durch den Willen des Vaters; der Sohn ist der leidende Knecht Gottes, den das Buch Jesaja vorausgesagt hatte. (Kap.52f): „Durch Seine Wunden sind wir geheilt."
Da heißt es nun im Bekenntnis; „gelitten unter Pontius Pilatus". Z w e i e r l e i ist doch merkwürdig an dieser Formulierung:
zum E i n e n , dass ausgerechnet dieser römische Statthalter Pontius Pilatus im Glaubensbekenntnis sozusagen „verewigt" ist, wo doch dort sonst als Personennamen nur Jesus und Seine irdische Mutter Maria begegnen. Ausgerechnet Pilatus, diese für Historiker sehr umstrittene und zwielichtige Person.
Das können wir hier nicht ausführlich behandeln, aber allein schon der Blick auf sein Bild in den vorliegenden Evangelien zeigt seine Zwiespältigkeit, die wir etwa so zusammenfassen können: er verurteilt Jesus schließlich zum Tode, obwohl er vorher zurecht feststellte, dass er Ihn für unschuldig hielt. Der Historiker Eusebius berichtet den Selbstmord des Pilatus in Rom einige Zeit nach seiner Absetzung als Statthalter in Judäa im Jahre 36.
Mit den Worten „gelitten unter Pontius Pilatus" sichert unser Glaubensbekenntnis, dass die Mitte des christlichen Glaubens keine zeitlose, inhaltslose, über den Wolken schwebende Wahrheit ist. Sondern sie ist eine

konkrete Wahrheit; sie ereignet sich in Raum und Zeit, mitten in der menschlichen Geschichte. Die christliche Wahrheit i s t eine Geschichte; sie ist die Geschichte des Sohnes Jesus Christus, die Geschichte Seiner Menschwerdung, Seines Leidens, Sterbens und Auferstehens mitten in unserer Geschichte, in unserer Welt. Doch Seine Geschichte s t a m m t nicht aus dieser Welt, sie stammt aus Gottes Ewigkeit. Aber sie kam zu uns, in unsere unerlöste und verlorene Welt. Und sie hatte hier ihren R a u m und ihre Z e i t zwischen dem Wunder der Weihnacht und der Himmelfahrt Jesu Christi. Gott selbst hat sich für uns hingegeben, damals, zu der bestimmten Z e i t , als Pontius Pilatus Statthalter war und an jenem O r t , Golgatha, den dieser Statthalter zur Hinrichtung Jesu bestimmte.

Und noch ein Z w e i t e s fällt auf an dieser Formulierung „gelitten unter Pontius Pilatus“: sie folgt direkt auf den Ausdruck „geboren von der Jungfrau Maria“. Wir können hier fragen: wieso ist hier alles ausgelassen worden, was z w i s c h e n Geburt und Tod Jesu geschehen ist? Was ist mit allen Seinen W o r t e n und T a t e n ? – Ich glaube nicht, dass das vergessen wurde oder zu unwichtig gewesen wäre. Jedoch ist die ganze bedeutungsvolle Geschichte Jesu zwischen Weihnachten und Karfreitag ja im K e r n Seine L e i d e n s-geschichte; sie ist der Weg von der äußeren Armseligkeit der Krippe zur Schmach des Kreuzes. Angefangen mit der V e r f o l g u n g des Jesuskindes durch Herodes, weitergeführt durch das viele U n v e r s t ä n d n i s Ihm gegenüber – wie es sogar Seine engsten Verwandten zeigten. Er war n i r g e n d w o wirklich zu Hause; Er besaß n i c h t s , wo Er Sein Haupt hinlegte; die F e i n d s e l i g k e i t der religiösen Führer verfolgte Ihn bis zum Kreuz. Und selbst die Menschen, die Ihm am nächsten standen, f l o h e n bei Seiner Gefangennahme; Einer hatte Ihn sogar v e r r a t e n , ein Anderer Ihn dreimal v e r l e u g n e t . Die Heilsrufe des „Hosianna!“ bei Seiner Ankunft in Jerusalem konnten Ihm nicht jene anderen lauten Rufe ersparen: „Kreuzige Ihn! Kreuzige Ihn!“ – „Er kam in Sein Eigentum, und die Seinen nahmen Ihn nicht auf.“ (Joh.1) Diesen ganzen Weg der Verborgenheit Seiner Herrlichkeit und Seinen Weg des Leidens fasst unser Bekenntnis in dieses e i n e Wort: „gelitten“ und fährt dann fort mit dem Wort:

„g e k r e u z i g t “. Und darin liegt nun alles, was über die Versöhnung Gottes mit dem Menschen im Neuen Testament gesagt wird. Jesus selbst sagt auf dem Weg nach Jerusalem: „Des Menschen Sohn ist nicht gekommen, dass Er sich dienen lasse, sondern dass Er diene und gebe Sein Leben zu einer Erlösung für viele.“ (Mk.10,45) Und vor Seinem Tod: „Nehmet, esset, das ist mein Leib, der für euch gegeben wird.“ (1.Kor.11,24) Hierin liegt alles beschlossen, was Paulus später das „Wort vom Kreuz“ nennen wird, der Tod des Gottessohnes zu unserer Versöhnung und Erlösung. (s.a. Joh.1,29)

Unsere Versöhnung mit Gott durch den Tod Jesu verkünden dann Paulus und alle neutestamentlichen Schriftsteller. Für viele Schriftworte dazu nenne ich hier stellvertretend die Worte aus 2. Kor. 5: „Denn Gott versöhnte in Christus die Welt mit Ihm selber und rechnete ihnen ihre Sünden nicht an und hat unter uns aufgerichtet das Wort von der Versöhnung...Denn Er hat den, der von keiner Sünde wusste, für uns zur Sünde gemacht, damit wir würden in Ihm (Christus) die Gerechtigkeit, die vor Gott gilt." (5,19.21.) (Siehe auch Röm5,8ff; 6,23; 8,3f; 1.Kor 7,23; Gal3,13;Kol2,13f;Hebr9,14)

Liebe Gemeinde, der Glaube an den Tod Jesu Christi als Versöhnung Gottes mit uns kann nur von G o t t s e l b e r stammen und uns geschenkt werden. Von alleine, aus m en s c h l i c h e r Weisheit könnte das nicht erkannt oder gar von uns verstanden werden. Ohne Gottes Offenbarung wüssten wir nicht, dass der Tod der Sünde Sold ist, dass also unsere Auflehnung gegen Gottes Willen und Seine Gebote auf jeden Fall tödliche Folgen hat. Geschweige denn, dass wir wüssten oder mit dem Verstand erkennen könnten, dass aus dem schrecklichen Tod dieses Einen alle u n s e r e Erlösung stammt. Als Jesus schrie „Mein Gott, warum hast du mich verlassen?" – da wusste nur Gott selber, was auf diesem Kreuzeshügel geschah und welchen Sinn das hatte. Erst mit dem „Wort vom Kreuz" und mit dem Wort von der Versöhnung erkennen wir: dasselbe Wort Gottes, mit dem Er Seinen Sohn und so sich selbst verurteilt zum Tod am Kreuz, ist auch das Wort, mit dem Er uns freispricht. Seine Strafe ist unsere Begnadigung. Seine Strafe als Opfer f ü r u n s - und nicht als Opfer für Gott! – ist die Geschichte des Sieges über die Mächte der Finsternis und des Todes geworden – freilich nicht ohne Seine Auferstehung! Doch dazu später.
Das Kreuz als Versöhnung kann nur im Glauben erkannt und persönlich angenommen werden. Hier können wir nicht erst verstehen wollen, um d a n n glauben zu wollen. Hier müssen wir zuerst g l a u b e n , um dann zu verstehen. Aber a l l e s werden wir auch dann jetzt noch nicht verstehen. Ich sehe jetzt noch keine Möglichkeit, im vollen Sinn zu verstehen, warum Gott gerade den Kreuzestod Seines Sohnes zur Versöhnung mit uns gewählt hat oder sogar wählen musste. Es wird ja von Theologen und Nichttheologen auch gefragt: „Konnte Gott nicht auch ohne das Opfer Seines Sohnes unsere Schuld vergeben? Hat Gott es denn nötig, zur Sühne unserer Schuld ein Opfer zu verlangen? Und: Fordert denn nicht Jesus selber in der Bergpredigt dazu auf, dem Nächsten ohne Vergeltung zu vergehen? Und lebt Er nicht gerade den Verzicht auf Rache?" – Diese Fragen und Beobachtungen machen die Rede vom Kreuz Jesu als „Sühnopfer" für unsere Sünde zumindest schwierig. Also noch einmal die Frage: Konnte Gott die Schuld nicht auch ohne den Tod des Sohnes vergeben? – Ich nenne zur Antwort darauf die Position des mittelalterlichen Theologen Anselm von Canterbury in seiner Schrift: „Cur Deus homo?" – „Warum wurde Gott Mensch?" – Anselm legt dar, dass die Sünde des Menschen einfach zu übersehen und zu übergehen, der Ordnung widerspräche, die Gott durch Seine Gebote selbst gesetzt hat. Sie sind ein Spiegelbild Seiner eigenen ewigen Vollkommenheit. Darum m u s s t e dieser göttliche Wille erfüllt werden. Aber k e i n M e n s c h könnte diese Erfüllung leisten – sondern eben nur dieser Eine, der selber ganz wahrer Mensch wurde, ohne dabei aufzuhören, zugleich auch ganz wahrer Gott zu sein. Darum musste Gott Mensch werden,

um als Mensch Seinen göttlichen Willen zu erfüllen – an unserer Statt, leidend und sterbend für unsere Schuld, damit wir Frieden hätten und damit wir leben können als Seine Kinder.
Das Problem aber bei dieser Position Anselm von Canterburys wäre die Frage: Wenn Gott nun Seiner eigenen Weltordnung Genüge tut – kann das durch den Tod eines U n s c h u l d i g e n geschehen? Wäre das nicht in sich schon ein neues Unrecht?
Liebe Gemeinde, in einer Zeit, in der ich dem Tod eine ganze Zeit lang sehr nahe war, und es mir schlecht und leidend ging, da stand das Leiden Jesu mir besonders plastisch und drastisch innerlich vor Augen. Seine Peiniger müssen Ihn ja ganz furchtbar zugerichtet haben; Sein gekreuzigter Körper war ja ganz und gar zerschunden schon allein durch die Geißelung. Und in dieser Zeit meiner Krankheit fragte ich Ihn intensiver als sonst: „Wieso, Herr, hast du dich derartig schrecklich zurichten lassen?“ – Und die Antwort, die ich in jener Zeit empfand, war: „Ich habe es getan, damit ihr leben könnt.“ Johannes sagt: „In Ihm war das Leben, und das Leben war das Licht der Menschen.“ - Da hatte also jemand die ganze Zeit über meine Krankheit samt der ihr zugrundeliegenden Sünde getragen. Das ist für mich das Alles Entscheidende: unsere Rettung, unser Leben stammt von daher , dass E r s e l b s t das Kreuz getragen hat. Dass Gott nicht nur f ü r uns, sondern zugleich m i t uns gelitten hat. Dass Er als ewiger Gott die Folgen aller menschlichen Verfehlungen auf sich gezogen hat, sogar den Tod. So sehr hat sich der ewige Gott auf uns Menschen eingelassen. Das Geheimnis S e i n e r Passion – im Vergleich zu den schrecklichen Leiden und Martyrien anderer Menschen - ist eben die P e r- s o n dessen, der da leidet und sich als Gott selber in den Tod begibt. Es würde also nicht genügen zu unserer aller Versöhnung , wenn ein Unschuldiger für uns leidet, der nicht selber Gott ist. Ich wage es zu sagen, dass Gott den Leidenden, den Sterbenden und den Trauernden in dieser Welt ganz nahe ist. Er trägt unser Leiden mit. Der Tod Jesu ist auch das G e r i c h t über die Sünde, aber Er selbst ist darin nicht nur der Riochter, sondern zugleich der Gerichtete und Verurteilte – damit wir freigesprochen würden und unser „Schuldbrief“, wie der Kolosserbrief sagt, „ ans Kreuz geheftet“ ist. (2,13f) „Damit“, wie Martin Luther sagt, „ich Sein eigen sei und in Seinem Reich unter Ihm lebe in ewiger Gerechtigkeit, Unschuld und Seligkeit.“ (s. EG 806.2,II)
Die M e n s c h w e r d u n g des Gottessohnes wird anschliessend noch einmal betont durch die Ausdrücke unseres Glaubensbekenntnisses:
„gestorben und begraben“. Das ist die letzte und eindeutige Konsequenz aus Seiner Menschwerdung von der Geburt bis zur Grablegung. Er war wirklich g e s t o r b e n für uns. Und als wirklich Gestorbener wird Er begraben wie wir: auch darin wahrer Mensch. Aber der Tod musste gerade Ihn aus dem Grab wiedergeben. Deshalb bezeichnet Paulus unsere Taufe als Begrabenwerden mit Christus. Indem wir mit Ihm sterben, werden wir auch mit Ihm leben. Aber zur Hölle müssen wir nicht mehr fahren, denn diesen Weg hat Er für uns vollbracht als Seinen Siegeszug über die Mächte der Finsternis. Bevor wir uns für heute

abschliessend diesem Ausdruck zuwenden - „Hinabgestiegen in das Reich des Todes“ - , singen wir:

Lied EG 83, 1-3: Ein Lämmlein geht…

„Hinabgestiegen in das Reich des Todes“ – damit ist mehr gemeint als einfach: Er war wirklich tot. Vor der jetzigen ökumenischen Fassung unseres Glaubensbekenntnisses sagten wir Evangelischen ja: „niedergefahren zur Hölle“, was dem ursprünglichen Text in der Übersetzung auch eher entsprach. Gedacht wurde dabei an zwei Textstellen aus dem 1. Petrusbrief. Da heißt es: „Christus ist getötet nach dem Fleisch, aber lebendig gemacht nach dem Geist. In demselben ist Er auch hingegangen und hat gepredigt den Geistern im Gefängnis.“ Und an anderer Stelle: „Denn dazu ist auch den Toten das Evangelium verkündigt, damit sie zwar nach der Menschen Weise am Fleisch gerichtet werden, aber nach Gottes Weise im Geist das Leben haben.“ (1: Petr3 und 4,6) - Das sind nun keine leicht verständlichen Bilder. Aber ich denke, das ist oft auch unsere Frage, etwa wenn wir zu Friedhöfen gehen oder von dort herkommen: „Wo werden unsere geliebten Verstorbenen jetzt sein? In wessen Hand?“
V o r der Botschaft von Jesu Auferstehung konnte der Fromme in Israel so besorgt sagen, wie wir es etwa in Psalm 88 hören: „Ich liege unter den Toten verlassen, wie die Erschlagenen, die im Grabe liegen, deren du nicht mehr gedenkst und die von deiner Hand geschieden sind.“(88, 6; s.a. 88,11f) - Erst von Ostern her dürfen wir sagen: die Toten sind in der Hand dessen, der den Tod überwunden hat. So ist das Bekenntnis „hinabgestiegen in das Reich des Todes“ ein Trostwort zwischen Karfreitag und Ostern. Es sagt uns: Jesus Christus ist der Herr über Tote und Lebendige. Das Licht von Ostern leuchtet schon auf, etwa wie in Psalm 139: „Führe ich gen Himmel, so bist du da. Bettete ich mich bei den Toten, so bist du auch da.“ (139,8)
„Jesus ist kommen, der starke Erlöser, bricht dem gewappneten Starken ins Haus, sprenget des Feindes befestigte Schlösser, führt die Gefangenen siegend heraus. Fühlst du den Stärkeren, Satan, du Böser? Jesus ist kommen, der starke Erlöser.“
Amen.

6. Teil der Predigtreihe über das Apostolikum: „am dritten Tage auferstanden von den Toten“ (tertia die resurrexit a mortuis)

17.So.n.Trin., 14.9.2008 Fulda-Bonhoeffergemeinde

Liebe Gemeinde!

Mit der Auferstehung Jesu Christi von den Toten betreten wir den Bereich unseres Glaubens, ohne den es diesen Glauben samt der Kirche und Gemeinde Jesu nie gegeben hätte.
Ich sage nicht, dass die Botschaft von der Auferstehung für sich allein die M i t t e des Glaubens ist. Die Mitte des Glaubens ist das Wort vom Kreuz zusammen mit der Botschaft von Ostern. Denn auch das Kreuz Jesu Christi für sich allein wäre nicht unsere Versöhnung mit Gott oder unsere Erlösung. Paulus sagt im 1. Korintherbrief klar und kompromisslos:
„Ist aber Christus nicht auferstanden, so ist unsere Predigt vergeblich, so ist auch euer Glaube vergeblich.“ (1.Kor.15,14) Also entscheidet sich an dieser Stelle der Sinn und Unsinn unseres Glaubens. Und also auch der Sinn oder Unsinn dessen, was wir bei Trauerfeiern und an den Gräbern sagen.
Und was das Kreuz Jesu betrifft: wenn wir vom Auferstandenen reden, dann reden wir auf der ganzen Linie zugleich vom Gekreuzigten. Am vorigen Sonntag beim Nachdenken über Seinen gewaltsamen Tod konnten wir uns klarmachen: in Seinem Kreuz vollzog der Richter als selber Gerichteter Seine Gerechtigkeit und zog die Sünde der Menschheit auf sich selbst.
So war Sein Kreuz Gottes N e i n zur Sünde. Und dieses Nein Gottes zur Sünde wird durch die Auferweckung Seines Sohnes von den Toten zum J a Gottes zu uns und zu unserem neuen Leben als Gottes Kinder. Durch dieses Ja Gottes in der Auferstehung Jesu wird dessen Kreuz im Nachhinein zum Zeichen unserer Versöhnung mit Gott. Dieses Ja Gottes möchte ich – in Anlehnung an den Gedankengang des Theologen Karl Barth und im Rückgriff auf die Theologie des Paulus – an 4 wichtigen Punkten zu der Auferstehung Jesu “am dritten Tage“ aufzeigen:

Die Auferweckung Jesu ist zum E r s t e n nach dem Zeugnis des Neuen Testaments eine Tat Gottes, und zwar Gottes ganz a l l e i n . Bei der Geschichte des Kreuzes wirkte der menschgewordene Sohn mit, und auch andere Menschen waren an der Leidensgeschichte Jesu beteiligt. Aber das Osterwunder, Jesu Auferstehung, ist Gottes des Vaters Werk allein. Vergleichbar ist diese Geschichte nur mit der Schöpfung von Himmel und Erde, wo Gott ebenfalls keiner Mitwirkung des Geschöpfs bedurfte. Entsprechend nennt Paulus diese Taten Gottes in einem Atemzug, wenn er in Römer 4 von dem Gott spricht, der die Toten lebendig macht, und der das, was nicht ist, ins Dasein ruft. (Röm.4,17) Und anschließend schreibt er : „Christus ist auferweckt von den Toten durch die Herrlichkeit des Vaters.“(Röm.6,4) Der Sohn ist in

Seiner Auferweckung nicht der Handelnde, sondern der Empfänger der Gnade des Vaters. Gott allein war hier der Handelnde.

Und zum Z w e i t e n war die Auferweckung Jesu im Vergleich zu Seiner Kreuzigung wirklich eine n e u e , eine andere, eine zweite Tat Gottes. Ebenfalls im Römerbrief sagt Paulus, dass Er „eingesetzt ist als Sohn Gottes in Kraft durch die Auferstehung von den Toten“. (Röm.1,4) Gott bekennt sich so zum positiven Sinn des Kreuzes Jesu zu unserem Heil. Oder wie Paulus dort sagt: „Er ist um unserer Sünden willen dahingegeben und um unserer R e c h t f e r t i g u n g willen auferweckt.“ (Röm.4,24f) Im Osterwunder spricht Gott noch einmal Sein mächtiges Wort wie am ersten Schöpfungstag: „Es werde Licht! – Und es ward Licht!“ Mit der Auferstehung Jesu verwirft Er noch einmal die Finsternis und ihre Macht des Bösen und des Todes. Deshalb darf Paulus den Tod verspotten: „Der Tod ist verschlungen in den Sieg. Tod, wo ist dein Stachel? Tod, wo ist dein Sieg?“ (1Kor.15,55) Die Auferweckung Jesu bestätigt Sein Kreuz als Versöhnung.

Das D r i t t e kündigt sich darin schon an. Paulus schreibt: „Christus ist darum für alle gestorben, damit die, die da leben, hinfort nicht sich selbst leben, sondern dem, der für sie gestorben und auferstanden ist.“ (2Kor.5,15)Und: „Derselbe, der Jesus Christus von den Toten auferweckt hat, wird auch eure sterblichen Leiber lebendig machen durch Seinen Geist, der in euch wohnt.“ (Röm.8,11) Durch Seine Auferstehung von den Toten ist Christus zugleich der erhöhte Herr. Er lebt und regiert in Ewigkeit. Sein Tod am Kreuz und Sein Opfer für uns geschah e i n f ü r a l l e m a l und wird sich nie wiederholen. Auch nicht im Sakrament des Altars! Im Heiligen Abendmahl wird uns allerdings weitergeschenkt, was an Karfreitag und Ostern ein für allemal für uns geschehen ist. Jesu Gemeinde auf Erden lebt zwischen Seiner Auferstehung und Seiner verheißenen Wiederkunft. In dieser Zwischenzeit haben wir den Auferstandenen nicht v o r A u g e n . In dieser Zwischenzeit gibt es für uns noch den Tod und Krankheit und Jammer und Tränen und Anfechtung . Ein anderer Apostel – Johannes – sagt: „Meine Lieben, wir sind nun Gottes Kinder, und es ist noch nicht erschienen, was wir sein werden. Wir wissen aber, wenn es erscheinen wird, dass wir Ihm gleich sein werden; denn wir werden Ihn sehen, wie Er ist.“ (1Joh.3,2)

Das V i e r t e , das wir hier bedenken sollten: Jesu Auferstehung ist ein Ereignis mitten in der menschlichen Geschichte gewesen, ein wirkliches Geschehen und Ereignis – und nicht etwa nur eine Idee: Die Auferweckung geschah in der Zeit, und deshalb sagt unser Bekenntnis: „ a m d r i t t e n T a g e auferstanden von den Toten.“- Im Unterschied zur Kreuzigung wird freilich das Osterwunder s e l b s t nicht berichtet in den Evangelien. Es wird auch nicht einmal ansatzweise beschrieben. Es bleibt noch Gottes Geheimnis, w i e Er Seinen Sohn auferweckt hat. Dieses Ereignis selbst hat keinen menschlichen Zeugen – so wie ja auch Gottes Schöpfung von Himmel und Erde aus dem Nichts keine Zeugen hatte und für uns bis heute unanschaulich ist. Doch sind sowohl Schöpfung wie Jesu Auferweckung wirkliche und wahre Geschichte.

Liebe Gemeinde, damit sind wir nun endgültig an einem Punkt angekommen, um den leidenschaftlich theologisch - und auch weniger theologisch - gestritten wird. Immer wieder gibt es – neben der Behauptung, die Ostergeschichten seien frei erfunden - die Versuche, das allzu Skandalöse und Unerhörte und Unbegreifliche der Auferstehung Jesu nun doch irgendwie der menschlichen Vernunft anzugleichen oder sonstwie verstandesmäßig plausibel zu machen. Das geht von Scheintodhypothesen bis hin zu psychologischen Erklärungen über die Jüngerinnen und Jüngern. Oder da gibt es in der Auslegung und Deutung der Ostergeschichten eine Begrenzung der Auferstehung Jesu in einen spirituellen, geistigen Bereich – ohne physische, leibliche, körperliche Seite der Auferstehung. Und das Ganze dann z.B. in der Unterscheidung von subjektiver oder objektiver Wirklichkeit des Auferstandenen.
Ich finde an diesen Deutungen so unbefriedigend, dass sie wenig oder gar nichts mit dem Sinn und den Aussagen der b i b l i s c h e n Osterberichte zu tun haben. Wie verschieden diese Berichte der Evangelien auch sein mögen – wir haben vorhin Johannes 20 gehört, weil es eine relativ detaillierte Ostergeschichte ist – (und für M. Luther das „Hauptevangelium“) : d a s Wesentliche haben die Evangelien hier alle gemeinsam: sie setzen ein mit der Schilderung, dass das Grab Jesu am Ostermorgen – am dritten Tage – ohne den Leichnam Jesu war. Bei Johannes sind die Leichentücher noch da, eines sogar geordnet daliegend. Auch das ist die Betonung der Auferstehung als eines wirklichen Geschehens mit leiblicher Dimension. Und das war dann die Erfahrung der Jüngerinnen und Jünger mit dem Auferstandenen selbst: Er, der Menschgewordene, mit dem wir nach Jerusalem gegangen waren, und dessen schrecklichen Tod wir miterleben mussten – Er war wahrhaftig von den Toten auferstanden!
Sein leeres Grab ist dabei nicht selbst die Offenbarung der Auferstehung Jesu, es ist nur das äußere Z e i c h e n dieses Wunders. Aber es ist kein unwichtiges Zeichen – so wie am Anfang der Geschichte des Gottessohnes auf Erden Seine Jungfrauengeburt kein unwichtiges Zeichen ist. Die Auferstehung Jesu von den Toten war kein Ereignis, mit dem diese Männer und Frauen gerechnet hätten. Sondern mit diesem Geschehen werden sie durch die Begegnung mit dem Auferstandenen konfrontiert. Da ist es dann kein Wunder, dass die Evangelien an dieser Stelle auch von Furcht und Schrecken berichten. Denn, liebe Gemeinde, ehrlich gefragt: wenn ein von uns geliebter Mensch, den wir durch den Tod verloren haben, plötzlich lebend vor uns stünde: würden wir bei aller Liebe und Freude nicht zunächst auch einen Schrecken bekommen?- Der

Auferstandene selbst muss die Seinen zum Glauben führen. Damit sie aller Welt bekennen können – und bekennen müssen!: Er, der Gekreuzigte, ist wahrhaftig auferstanden! – Das – und nur das! – ist die Botschaft aller Ostergeschichten und des ganzen Neuen Testaments zu diesem Geschehen. Und wer, liebe Gemeinde, sollte uns den Auftrag geben, es anders zu halten? Warum sollte es anders sein, als dass wir diese Botschaft weitergeben? Die Botschaft von dem großen Ja Gottes zur Welt und ihrer Menschheit . Die Botschaft des Herrn selber: „Ich lebe – und ihr sollt auch leben." Und: „Ich bin der Erste und der Letzte und der Lebendige. Ich war tot, und siehe, ich bin lebendig von Ewigkeit zu Ewigkeit." Schon Seine ersten Jüngerinnen und Jünger mussten die Erfahrung machen, dass ihr auferstandener Herr nur eine Zeit lang ihnen vor Augen war. Aber Er war weiter lebendig mit ihnen.
Liebe Gemeinde! Es ist keine Schande, wenn einen Christen beim Osterwunder Zweifel befallen oder sogar Anfechtung – sei es durch den zeitlichen Abstand zu den Ostergeschichten oder sei es durch das Leiden und Sterben geliebter Menschen. In der Ostergeschichte vom ungläubigen Thomas nimmt der Auferstandene den Zweifler ernst, und Er selbst führt ihn zum Glauben.
So möchte ich mit diesem Gedanken heute schliessen: uns des Auferstandenen gewiss und getrost machen kann nur der Auferstandene selbst. Er tut es, indem Er sich von uns anrufen lässt und indem Er mit uns geht auf unserem Wege. „Und siehe, ich bin bei euch."
Darauf dürfen wir vertrauen, und je enger wir an Seiner Seite gehen, desto österlicher wird unser Weg sein. Amen.

Lieder EG:
124,1+2: Nun bitten wir den Heiligen Geist…
450,1-5: Morgenglanz der Ewigkeit…
107,1-3: Wir danken dir, Herr Jesu Christ…
112,1-3+6: Auf, auf, mein Herz, mit Freuden…
115 (während d. Abendmahls): Jesus lebt, mit Ihm auch ich…
99: Christ ist erstanden…

Lesung: Joh.20,1-18 Psalm : 27 (EG 714)

7.Teil der Predigtreihe über das Credo:

„aufgefahren in den Himmel; Er sitzt zur Rechten Gottes, des allmächtigen Vaters; von dort wird Er kommen, zu richten die Lebenden und die Toten“ (ascendit ad coelos sedet ad dexteram Dei Patris omnipotentis inde venturus est iudicare vivos et mortuos)

Liebe Gemeinde!

In Römer 1 nennt Paulus wohl die Auferstehung Jesu Christi und dessen Erhöhung zur Rechten des Vaters in einem Atemzug: „Jesus Christus, nach dem Geist eingesetzt als Sohn Gottes in Kraft durch die Auferstehung von den Toten.“ (Röm.1,4) Das Neue Testament redet aber darüber hinaus von der Erhöhung des Sohnes im Besonderen: „Jesus Christus aufgefahren in den Himmel“ . Zu diesem Glaubenssatz feiert die Christenheit jährlich den Feiertag der Himmelfahrt Christ. Die erzählte Geschichte dazu gibt es jeweils am Ende des Lukasevangeliums und am Anfang Seiner Apostelgeschichte. Hiermit wird 40 Tage nach Ostern zugleich das Ende d e r Zeit angesagt, in der der auferstandene Christus Seiner Jüngerschar leiblich und sichtbar vor Augen war und zu ihnen redete. Und dann hatten selbst Seine engsten Jünger Ihn nicht mehr sichtbar vor sich . In dieser Geschichte der Himmelfahrt wird bezeugt, dass Jesus Christus den irdischen Raum verläßt, den Er als der menschgewordene Sohn durch Geburt, Leiden und Sterben betreten und aufgesucht hatte. Dieser Weg zu unserer Versöhnung mit Gott ist nun durch Seine Auferstehung vollendet und in sich abgeschlossen. Ab Seiner Himmelfahrt und Erhöhung steht Er nun ü b e r diesem irdischen Raum, über unserer Welt . Und wenn Er darüber verheißt: „Mir ist gegeben alle Gewalt, alle Macht, im Himmel und auf Erden.“ Und dann weiterhin auch: „Ich bin bei euch alle Tage bis an der Welt Ende,“ – dann wird damit bezeugt, dass Jesus Christus jetzt und bis zum Ende der Welt über dem irdischen Raum steht. Das bedeutet gleichzeitig, dass Er diesen Raum erfüllt, über ihn Herr ist und in ihm gegenwärtig und lebendig ist. Im Epheserbrief heißt es über Ihn: „Der hinabgefahren ist, das ist derselbe, der aufgefahren ist über alle Himmel, damit Er alles erfülle.“ (Eph.4,10) Oder wie wir vorhin in der Lesung hörten: „Und alles hat Gott unter Seine Füße getan.“ (Eph.1,22a) Das haben wir eben ja auch gesungen. (EG123)

Mit der Erhöhung Jesu Christi zur Rechten des Vaters beginnt für diese Welt, für Seine Jünger und Apostel und auch für uns eine neue Zeit. Das können wir uns auch am Wortlaut des apostolischen Glaubensbekenntnisses klar machen:
Im Zweiten Glaubensartikel über den Sohn waren die bisherigen Zeitwörter alle im P e r f e k t , also in einer Vergangenheitsform: „einziggeboren…, empfangen…, geboren…, gelitten…, gekreuzigt, gestorben…, begraben, hinabgestiegen…, …auferstanden…, aufgefahren…“ - Und nun dieses

P r ä s e n s hier, diese Gegenwartsform: „Er s i t z t zur Rechten Gottes , des allmächtigen Vaters“.
Der für uns Gekreuzigte und Auferstandene ist jetzt da, wo Gott ist. Der Sohn ist ja selber Gott von Ewigkeit her. „Gott ist Herr, der Herr ist Einer und demselben gleichet keiner, nur der Sohn, der ist Ihm gleich.“(EG123,3)
Die neue Zeit, die mit der Erhöhung des Sohnes beginnt, ist beides: sie ist e r s t e n s Endzeit, und sie ist z w e i t e n s die Zeit Seiner Gemeinde, die Zeit Seiner Kirche. Und so ist sie auch unsere Zeit, die Zeit unseres Glaubens und die Zeit unserer Nachfolge Jesu.

Zu dem E r s t e n : wir leben seit Christi Himmelfahrt in der Endzeit, weil sie die Zeit zwischen Seinem Kommen als Mensch und Seinem Wiederkommen als Gottessohn liegt. Es wird Seinerseits nichts Neues kommen oder stattfinden, was zu unserer Versöhnung mit Gott geschieht. Denn was dazu nötig war, ist schon vollbracht im Kreuz Jesu und im Wunder des Ostermorgens: Gottes Nein zur Sünde und Gottes Ja zum Sünder, zu uns. Gottes Nein zur Gottlosigkeit und Gottesferne und Gottes Ja zu Seinem lieben Sohn, der als Menschgewordener unsere Sünde und Todesverfallenheit ans Kreuz trug. Darin ist nicht nur die Versöhnung vollbracht, sondern darüber hinaus unsere Hoffnung auf Auferstehung und Ewiges Leben begründet. Diese Gnade Gottes bedarf jetzt weder einer Wiederholung noch einer Ergänzung. V o r uns liegt jetzt noch die endgültige Erlösung unseres Todesleibes. Darum ist jetzt Endzeit, ablaufende Zeit bis zu Seiner Wiederkunft in öffentlich sichtbarer Herrlichkeit und Allmacht und Gnade.
Und das Z w e i t e hängt damit zusammen: jetzt ist die Zeit Seiner Gemeinde und Kirche, die Zeit der Nachfolge, des Glaubens, der Hoffnung und der Liebe.
Denn der Auferstandene hat Seiner Gemeinde eine Berufung und einen Auftrag gegeben: „Gehet hin und macht zu Jüngern alle Völker, indem ihr sie tauft auf den Namen des Vaters und des Sohnes und des Heiligen Geistes und sie lehrt, alles zu halten, was ich euch befohlen habe.“ Und jenes andere Wort: „Es gebührt euch nicht, Zeit oder Stunde zu wissen, die der Vater in Seiner Macht bestimmt hat. Aber ihr werdet die Kraft des Heiligen Geistes empfangen, der auf euch kommen wird, und ihr werdet meine Zeugen sein in Jerusalem und ganz Judäa und Samarien und bis an das Ende der Erde.“ (Apg.1,7f) - Kleiner, liebe Gemeinde, ist unsere Berufung nun einmal nicht, als dass wir Seine Zeugen in dieser Welt sein sollen. Das ist sowohl ein Missionsbefehl wie auch die Berufung zum Zeugnis von der Liebe Gottes zur Menschheit, also das, was wir im umfassenden Sinn Diakonie nennen, der Dienst am Nächsten, der Dienst an allen, die Hilfe brauchen. - Jesus sendet Seine Gemeinde in die Welt zum Dienst für die Welt. Durch uns hat die Welt, haben die Menschen um uns herum das Angebot, das Evangelium von Jesus Christus zu hören und für ihr Leben anzunehmen. Bei diesem Dienst will Jesus selbst an unserer Seite stehen und bei und mit uns sein. Auch an dieser Stelle stößt unser Verstand und unsere menschliche Vorstellungskraft an Grenzen: denn wie soll das zugehen, können

wir fragen, dass Jesus Christus zugleich zur Rechten des allmächtigen Vaters sitzt und gleichzeitig bei uns ist? Diese Frage hat in der Christenheit zu viel Streit geführt – etwa bei der Frage nach dem Verständnis der Gegenwart Jesu Christi im Heiligen Abendmahl.
Im Kindergottesdienst haben wir als Kinder an einen Helfer die Frage gestellt: „Ist Jesus jetzt da, wenn wir Gottesdienst feiern? Und wo ist Er?“ – Der Helfer hat die Antwort gewagt: „Ja, Er ist da. Er sitzt vielleicht jetzt gerade in der Bank hinter euch und hört zu.“ – Offen gestanden, liebe Gemeinde, ich konnte mit dieser Antwort bis heute etwas anfangen. Jedenfalls stelle ich mir die Gegenwart Jesu in unserem Leben ganz konkret vor und erlebe sie so – und nicht vornehmlich als theologische Theorie. Der Gemeinde in Laodizea lässt Jesus Christus in der Offenbarung des Johannes sagen: „Siehe, ich stehe vor der Tür und klopfe an. Wenn jemand meine Stimme hören wird und die Tür auftun, zu dem werde ich hineingehen und das Abendmahl mit ihm halten und er mit mir.“ (Off.3,20)

Flötenkreis: Wachet auf, ruft uns die Stimme (3 Sätze)

Und schließlich heisst es im Zweiten Artikel: „Von dort wird Er kommen, zu richten die Lebenden und die Toten“.

Liebe Gemeinde!

Als die, die zu Christus gehören wollen, w i s s e n wir von Ihm. Die Welt um uns herum, soweit sie nicht an Ihn glaubt, weiß nichts von Ihm und Seiner Gegenwart an jedem neuen Tag. Doch zum neutestamentlichen Zeugnis von Ihm gehört unüberhörbar die Ankündigung Seiner Wiederkunft – und auch Seines Gerichts. Das, was wir schon von Ihm glauben, wird einst so öffentlich offenbar, dass niemand mehr daran zweifeln kann und darf. Auch darin besteht Sein Gericht. Von Seinem Werk der Versöhnung, dem jetzt noch widersprochen werden kann oder das ganz ignoriert werden kann, wird dann gleichsam die Decke weggezogen, sodass all Seine Gnade und all Seine Göttlichkeit nicht mehr zu übersehen oder zu leugnen sein wird. Es sind gewaltige Bilder, die das Neue Testament zu Seiner Wiederkunft gebraucht: „auf den Wolken des Himmels“ . Oder „ wie ein Blitz.“ Oder der große Richter im Weltgericht mit den Schafen und Böcken zur Rechten und zur Linken. (Matth.25)
Der allmächtige Gott – und so auch der Sohn zu Seiner Rechten – weiß alles, was geschieht in der Welt und in unserem je persönlichen Leben. Das ist ein Gedanke, der uns zu Recht auch beunruhigen kann. „Von dort wird Er kommen zu richten…“ – Da können wir fragen: werden wir denn vor Ihm bestehen mit unserem angefochtenen Glauben, mit unserer vielen Gleichgültigkeit und zeitweiligen Boshaftigkeit? Mit unserer fehlenden Hoffnung und Liebe? –
Wenn die Maler das Jüngste Gericht darstellen, überwiegt meist der Teil der Verdammung. – Aber ist da nicht über weite Strecken übersehen worden, w e r

da zum Gericht kommt? Es ist doch der Richter, der an sich selbst das Urteil vollstreckte , der Richter als der Gerichtete. Der Versöhner und Erlöser. Darum dürfen wir Seinem Gericht mit Zuversicht entgegensehen. Er wird der Richter sein, der das Recht zuungunsten des Unrechts und der Lüge wieder aufrichten wird. So wird Er das Zerstörte wieder zurechtbringen. Dazu wird auch noch einmal Sein unüberhörbares Nein zur Sünde gesprochen werden. Sein erwartetes Gericht ist weder Anlass , die Schwermütigen unter uns noch schwermütiger zu machen noch der Anlass, die Leichtsinnigen noch leichtsinniger zu machen.
„Zu richten die L e b e n d e n und die Toten“ – zu diesem Hoffnungsbild gehört es, dass beim Ende der Weltzeit durch die öffentliche Wiederkunft des Erhöhten noch eine Generation von Lebenden da ist, die nach neutestamentlicher Aussage den Tod nicht erleben werden. Deshalb ist z.B. der Satz „Der Tod ist jedem gewiss“ ein Satz, der aufgrund bisheriger menschlicher Erfahrung berechtigt sein mag, aber ein c h r i s t l i c h e r Satz ist er nicht.
Paulus schreibt: „Siehe, ich sage euch ein Geheimnis: Wir werden nicht alle entschlafen, wir werden aber alle verwandelt werden….Denn dies Verwesliche muss anziehen die Unverweslichkeit , und dies Sterbliche muss anziehen die Unsterblichkeit…. Dann wird erfüllt werden das Wort…: Der Tod ist verschlungen in den Sieg.“ (1Kor.15,51.53.54b.)
Unsere Zeit zwischen Seiner Erhöhung und Seiner Wiederkunft ist die Zeit, die diesem Sieg entgegensieht. Amen.

Lied EG 147,1+2: Wachet auf, ruft uns die Stimme…

8.Teil der Predigtreihe über das Glaubensbekenntnis:

„Ich glaube an den Heiligen Geist“ (credo in Spiritum Sanctum)

19.So. n. Trin. , 28.9.2008 Bonhoeffergemeinde Fulda

Epistellesung in der Liturgie: 1. Kor. 12, 1-11

„Ich glaube an den Heiligen Geist“

Liebe Gemeinde!

Wer von uns denkt beim Thema „Heiliger Geist“ nicht unmittelbar an die Geschichte vom Pfingstwunder aus der Apostelgeschichte, an die Geschichte vom Kommen des Geistes auf die Jüngerschar 50 Tage nach Ostern und von der Entstehung der ersten Gemeinde Jesu Christi? - Der Heilige Geist stiftet den festen Glauben, den Mut zum öffentlichen Bekenntnis und stiftet dann auch die Gemeinde und Kirche. Das können wir hier schon einmal festhalten.
Das Zeugnis der Bibel über den Heiligen Geist Gottes ist riesengroß und im Umfang geradezu überwältigend. Das alles ist in einer einzelnen Predigt nicht vollständig zur Sprache zu bringen. Wir können jedoch hier die großen Linien des Zeugnisses über Gottes Geist nachzeichnen.

Meine Tochter Mariesophie stellte mir im Rahmen ihres Religionsunterrichts eine schwierige Aufgabe: „Papa, kannst du mal in einem Satz sagen, wer oder was der Heilige Geist ist?“ – Nach einigem Nachdenken entschied ich mich für die Antwort: „Der Heilige Geist ist Gott auf die Welt hin.“ – Dafür ist ja auch die Pfingstgeschichte ein Beleg. Die Antwort „Der Heilige Geist ist Gott auf die Welt hin,“ ist auch irgendwie richtig, aber sie ist noch nicht vollständig.
Eine vollständige zusammenfassende Antwort auf die Frage nach dem Heiligen Geist sind eher die Worte aus unserem Nicänischen Glaubensbekenntnis: „Wir glauben an den Heiligen Geist, der Herr ist und lebendig macht, der aus dem Vater und dem Sohn hervorgeht, der mit dem Vater und dem Sohn angebetet und verherrlicht wird, der gesprochen hat durch die Propheten.“

Liebe Gemeinde, nach dem Zeugnis der Bibel ist der Heilige Geist G o t t selber und kein Mittelding zwischen Gott und dem Geschaffenen. Der Heilige Geist ist die dritte Person und Seinsweise des dreieinigen Gottes. Gott Vater, Sohn und Heiliger Geist sind n i c h t zu t r e n n e n . Wohl aber sind sie zu u n t e r s c h e i d e n . Wir sagen in unserem Glaubensbekenntnis im 3. Artikel ja erneut: „ i c h g l a u b e „ – und dann auch: „ a n den Heiligen Geist“. Hier wird also wohl etwas Neues benannt – und zugleich wird deutlich: auch hier geht es um den Glauben an G o t t . In der Lesung haben wir vorhin gehört: „Es sind verschiedene Gaben, aber es ist e i n Geist. Und es sind verschiedene

Ämter, aber es ist e i n Herr. Und es sind verschiedene Kräfte, aber es ist e i n Gott, der da wirkt alles in allen." (1Kor.12,4ff) Gott Vater, Sohn und Geist sind untrennbar, aber zu unterscheiden. Dabei wird im Neuen Testament zum Einen gesagt, dass der Geist vom Vater g e s a n d t wird. (Joh.14,16f.26; 15,26) Jesus sagt: „Der Tröster, der Heilige Geist, den mein Vater senden wird in meinem Namen, der wird euch alles lehren und euch an alles erinnern, was ich euch gesagt habe." (Joh.14,26) Und der Geist ist auch gesandt vom Sohn. Christus sagt vor dem Tod zu den Jüngern: „Es ist gut für euch, dass ich weggehe. Denn wenn ich nicht weggehe, kommt der Tröster nicht zu euch. Wenn ich aber gehe, will ich Ihn zu euch senden....Wenn aber jener, der Geist der Wahrheit, kommen wird, wird Er euch in alle Wahrheit leiten. Denn Er wird nicht aus sich selber reden, sondern was Er hören wird, das wird Er reden, und was zukünftig ist, wird Er euch verkündigen. Er wird mich verherrlichen; denn von dem Meinen wird Er es nehmen und euch verkündigen. Alles, was der Vater hat, das ist mein."(Joh.16,7.13ff) Der Apostel Paulus schreibt an mehreren Stellen vom Geist als dem Geist Jesu Christi bzw. des Sohnes. (Gal.4,6;Röm.8,9;Phil.1,19)
Bereits bei den anderen beiden Artikeln des Bekenntnisses mussten wir einsehen und zugeben: Das ewige innere Leben des dreieinigen Gottes übersteigt völlig unsere geschöpfliche und natürliche Vorstellungskraft. Wir können diese drei Personen oder Seinsweisen Gottes nur anerkennen und anbeten. Wir können dankbar nachsprechen, was Gott uns schon über Sein Wesen offenbart hat. Der große Kirchenlehrer Augustin sprach von den Spuren der Dreieinigkeit in unserer geschaffenen Welt. Sein vielleicht eindrücklichster Vergleich mit Gottes Dreieinigkeit ist der Dreiklang von Liebendem, Geliebtem und Liebe. (amans, amatus, amor) Der Vater als der Liebende, der Sohn als der Geliebte und der Geist als die Liebe. Der Geist also als das Band, in dem Vater und Sohn verbunden sind. Jede weitere Ausmalung dieses göttlichen Verhältnisses wäre Phantasterei. Der Geist ist die Liebe, die aus dem Vater und dem Sohn hervorgeht. Diese Liebe ist das Wesen Gottes. Der Geist erforscht die Tiefen Gottes, schreibt Paulus einmal. (1Kor.2,10) Die Liebe Gottes aber ist der Urgrund des Entschlusses Gottes, das zu schaffen, was nicht Er selber ist, also diese Welt aus Himmel und Erde – und in ihr dich und mich. So dürfen wir sagen: Der Heilige Geist als die Liebe Gottes ist der Grund für dein und mein Leben. Das Nicänische Bekenntnis sagt ja: „Wir glauben an den Heiligen Geist, der ... l e b e n d i g macht."
Schon auf den ersten Seiten der Bibel erfahren wir vom Geist Gottes über den Wassern der Urflut und von dem Hauch bzw. Geist (ruach) des Lebens Gottes über allem Lebendigen (Gen.7,15.22). Das setzt sich fort in den Psalmen (Ps.33,6;104,29f;139,7). Jesus sagt im Johannesevangelium: „Der Geist ist es, der lebendig macht; das Fleisch ist nichts nütze. Die Worte, die ich zu euch geredet habe, die sind Geist und sind Leben." (6,63) Und Paulus sagt uns: „Wenn nun der Geist dessen, der Jesus von den Toten auferweckt hat, in euch wohnt, so wird Er, der Christus von den Toten auferweckt hat, auch eure sterblichen Leiber lebendig machen durch Seinen Geist, der in euch wohnt."

(Röm.8,11 – s. auch 2. Kor.3,6; Eph.1,17; 2.Thess.2,8) Der Heilige Geist ist der Bürge für das Ja Gottes zu uns über unseren sterblichen Leib hinaus. (Röm.5,5) Der Heilige Geist gibt unserem Geist die Gewissheit, dass wir Gottes Kinder sind. (Röm.8,16) Der Geist, den Gott uns schenkt, ist schon das Angeld, das verbindliche Pfand, für unsere zukünftige Erlösung von der Macht des Todes. (2.Kor.1,22;5,5) Der Geist gibt uns Belehrung über Gottes Wesen und leitet uns (Röm.8,14) Er ist der Bürge der Wahrheit über Gott und über uns. Er ermöglicht und erhält unseren Glauben, der uns sonst wieder verloren ginge. Und Er ist unser Leben, das sonst verloren ginge. Indem Er uns bei Jesus Christus hält, können wir etwas Bleibendes über Gott erfahren und Seine Nähe in unserem Leben spüren. Das ist es, was wir in jener genannten ersten Antwort auf die Frage nach dem Heiligen Geist so zusammenfassen könnten : „Der Heilige Geist ist Gott auf die Welt hin.“ Der Geist ist Gott auf uns hin. Er schenkt und verbürgt uns das Leben in der Kraft und Gewissheit der Ewigkeit Gottes. So leben wir fröhlich als Kinder Gottes. Weil Gottes Geist f r e i ist – „Der Geist weht, wo er will,“ sagt Jesus dem Nikodemus – darum schenkt Er auch uns eine Freiheit, die die Welt uns nicht schenken kann. Darum darf Paulus sagen: „Wo aber der Geist des Herrn ist, da ist Freiheit.“ (2.Kor.3,17) Und: „Die Frucht des Geistes aber ist Liebe, Freude, Friede, Geduld, Freundlichkeit, Güte, Treue, Sanftmut, Reinheit.“ (Gal.5,22f) Der Geist Gottes wird auch deshalb der Heilige Geist genannt, weil Er unser Leben heiligt. Weil Er unserem Leben die Richtung auf Gott hin gibt.

Schließlich hören wir auch die letzte genannte Formulierung aus dem Nicänischen Glaubensbekenntnis: „Wir glauben an den Heiligen Geist, der …gesprochen hat durch die Propheten.“

Liebe Gemeinde, was die Propheten gesprochen haben, das ist uns überliefert in der Heiligen Schrift. Wir dürfen deshalb sagen: Die Bibel ist der Niederschlag dessen, was der Geist Menschen von Gott zu erfassen gegeben hat. Die Propheten sind dabei nicht nur bestimmte Männer und Frauen aus dem Alten Testament, sondern auch die Jünger und Jüngerinnen, Apostel und Schriftsteller im Neuen Testament, die das Wort und den Willen Jesu Christi und ihre Erfahrungen mit Ihm treu weitergegeben haben. Dabei fällt mir besonders an den alttestamentlichen Propheten auf, dass sie so gut wie nie im Einklang mit den Menschen standen, die gerade die Macht hatten, etwa mit den Königen. Ebenso standen sie nicht im Einklang mit denen, die gerade die religiösen Führer waren. Das war ja dann auch bei Jesus selbst nicht anders.

Oft genug war das Amt der Propheten lebensgefährlich oder sogar tödlich. Das bekamen auch die neutestamentlichen Propheten wie Paulus und Petrus zu spüren. Oft genug protestierten Propheten gegen ihre Berufung durch den Herrn. Aber der Geist Gottes war stärker als ihre Eigenliebe. „Der Geist weht, wo Er will“, sagt Jesus. (Joh.3) Der Geist Gottes lässt sich von Menschen weder bändigen noch an die Kette legen. Der Geist wird von uns nicht besessen wie jemand, über den w i r verfügen könnten. Das werden wir bei unserer nächsten

Besinnung über unser Bekenntnis – wenn es um uns als K i r c h e gehen wird - genauer betrachten müssen. Hier nur soviel: Auch die Gemeinde und Kirche Jesu Christi kann dem Geist Gottes nicht vorschreiben, Seine Kraft an bestimmte Ordnungen, Rangordnungen und Hierarchien in der Kirche zu binden. Der Heilige Geist tut nur das, was in Einklang mit dem Willen des Vaters und des Sohnes steht. Auch darin ist Er ganz Gott.
Ich schließe hier mit den Worten Martin Luthers:
„Ich glaube an den Heiligen Geist… – Was ist das? – Ich glaube, dass ich nicht aus eigener Vernunft noch Kraft an Jesus Christus, meinen Herrn, glauben oder zu Ihm kommen kann; sondern der Heilige Geist hat mich durch das Evangelium berufen, mit Seinen Gaben erleuchtet, im rechten Glauben geheiligt und erhalten; gleichwie Er die ganze Christenheit auf Erden beruft, sammelt, erleuchtet, heiligt und bei Jesus Christus erhält im rechten, einigen Glauben.“
(s. EG 806.2,III) Amen.

Lieder EG:
134,1+2 : Komm, o komm, du Geist des Lebens…
447, 1+2.6-8: Lobet den Herren, alle, die Ihn ehren…
139, 1-5 : Gelobet sei der Herr…
133, 1+5-8: Zieh ein zu deinen Toren…
584, 1-4: Meine engen Grenzen…

Psalm: Ps 63 (EG 729)

9. Teil der Predigtreihe über das Apostolikum:

„die heilige christliche Kirche, Gemeinschaft der Heiligen, Vergebung der Sünden“ (sanctam ecclesiam catholicam sanctorum communionem remissionem peccatorum)

23. So. n. Trin., 26.10.2008 Bonhoeffergemeinde Fulda

Liebe Gemeinde!

„Na endlich!“ könnten wir hier sagen. Mit dem Thema „Kirche“ kommt das Bekenntnis schließlich auf u n s Menschen zu sprechen, nachdem vorher immer vom dreieinigen Gott die Rede war. Allerdings wäre das eine nur äusserliche und oberflächliche Sicht der Dinge. Denn immer, wenn im Bekenntnis von Gott die Rede war, war auch von uns Menschen die Rede, weil Gott nicht ohne uns sein will und weil das Bekenntnis deshalb all das aufzählt, was Gott für uns getan hat, für uns tut und noch tun wird. Und umgekehrt: bei der Rede von der Kirche und der Gemeinschaft der Heiligen geht es zentral um unsere Zugehörigkeit zu Gott und zu Jesus Christus.
Bei diesem 9. Teil der Reihe ist es zum Bedenken des Ausdrucks „die heilige christliche Kirche“ nicht zu umgehen, zunächst ihren lateinischen Wortlaut zu nennen: „sanctam ecclesiam catholicam“ . Das Wort ecclesia für Kirche ist ein griechisches Lehnswort – „Ekkläsia“ . Ursprünglich bedeutet es „Versammlung“, und im Neuen Testament ist es der Ausdruck sowohl für das, was wir „Kirche“ nennen wie auch für das deutsche Wort „Gemeinde“. Das Neue Testament unterscheidet also nicht zwischen Gemeinde und Kirche.
Und dann steht noch dabei: „catholicam“ – auch das ist ein griechisches Lehnswort und bedeutet „allgemein“ bzw. „allgemeingültig“. In unserer oekumenischen Fassung des Bekenntnisses ist es durch das Wort „christliche“ ersetzt, weil in unserem Sprachgebrauch „katholisch“ inzwischen zur Bezeichnung einer bestimmten Konfession geworden ist. Aber diese bestimmte Konfession heißt eigentlich „römisch-katholisch“. - Jedenfalls haben Martin Luther und die evangelischen Reformatoren des 16. Jahrhunderts an dem Ausdruck „katholisch“ als Bezeichnung für i h r e umgestaltete Kirche festgehalten, denn die Katholizität – also die Allgemeingültigkeit ihres Glaubens - ergab sich für sie durch die enge Zugehörigkeit zu Jesus Christus und Seinem Wort.
In der evangelischen Augsburgischen Konfession von 1530 steht zu Anfang des Artikels VII: „Es wird auch gelehrt, dass alle Zeit müsse eine heilige christliche Kirche sein und bleiben, welche ist die Versammlung aller Gläubigen, bei denen das Evangelium rein (=unverfälscht) gepredigt und die heiligen Sakramente dem Evangelium gemäß gereicht werden.“ (BSLK 61 – s. auch EG 808, Art.7) Und später heißt es dort: „Und es ist nicht nötig zur wahren Einigkeit der christlichen Kirche, dass überall gleichförmige Zeremonien, von den Menschen eingesetzt,

gehalten werden, wie Paulus spricht zu den Ephesern im 4. Kapitel: ´ Ein Leib, ein Geist, wie ihr berufen seid zu einer Hoffnung eurer Berufung, ein Herr, ein Glaube , eine Taufe.`"(Eph. 4,4ff)
Martin Luther und die Reformatoren sprachen manchmal auch von einer unsichtbaren Kirche im Unterschied zur sichtbaren, oder von der verborgenen Kirche im Unterschied zur offenbaren. Bei der unsichtbaren oder verborgenen Kirche können wir daran denken, dass w i r die genaue Grenzlinie zwischen Kirche und Nichtkirche nicht ziehen können. Gottes Gnade und Seine Weisheit sind größer als unser Herz oder Verstand. Er sieht, wer über die Grenzen der Konfessionen hinweg zu Seiner Kirche gehört.
Was w i r als Gemeinde und Kirche tun können, ist ein Anderes: wir können treu dazu stehen, dass Gottes Geist die Kirche gegründet hat und sie erhält, so wie Er auch unseren schwachen Glauben stärkt und bei Christus erhält. Die Pfingstgeschichte aus Apostelgeschichte 2 erzählt, wie der Heilige Geist Seine Gemeinde zusammenruft. Und am Ende wird dort über das Leben der ersten Gemeinde berichtet: „Sie blieben aber beständig in der Lehre der Apostel und in der Gemeinschaft und im Brotbrechen und im Gebet." (Apg.2,42)

Zum E r s t e n also: „Sie blieben beständig in der L e h r e der A p o s t e l ". Sie blieben bei dem , was ihnen aus dem Mund der ersten Zeugen Jesu Christi, aus dem Mund der Apostel, über den Herrn Jesus Christus weitergegeben worden war.
Der Apostel Paulus sagt: „Einen anderen Grund kann niemand legen als den, der gelegt ist, welcher ist Jesus Christus." (1Kor.3,11) Jesus Christus ist das Fundament, auf dem das ganze Bauwerk gegründet steht. Unser ehemaliger Prälat (stellvertr. Bischof) Peter Hertzberg sagte einmal zu uns: „Da reden die Leute immer von der `Basis`der Kirche und meinen damit das Kirchenvolk in den Gemeinden. Aber die B a s i s der Kirche ist doch allein Jesus Christus."
Über die Glieder der Gemeinde und Kirche hören wir in Epheser 2: „So seid ihr nicht mehr Gäste und Fremdlinge, sondern Mitbürger der Heiligen und Gottes Hausgenossen, erbaut auf den Grund der Apostel und Propheten, da Jesus Christus der Eckstein ist." (Eph.2,19f)
Entsprechend sagt das Nizänische Glaubensbekenntnis über die Kirche: „Wir glauben…die eine heilige, christliche und a p o s t o l i s c h e Kirche."

Und das Z w e i t e aus dem Wort der Apostelgeschichte hängt damit zusammen: „Sie blieben beständig…in der G e m e i n s c h a f t ." – Unser Glaubensbekenntnis sagt zur Näherbestimmung der heiligen christlichen Kirche den Ausdruck: „Gemeinschaft der Heiligen". Die „Heiligen" im Neuen Testament sind nicht besondere, herausgehobene und untadelige Einzelpersonen, sondern die Heiligen sind die, die durch den Glauben und durch die Taufe zu Gott und zu Jesus Christus gehören. Und die sollen eine Gemeinschaft sein und untereinander Gemeinschaft haben. Die gehören vor Gott zusammen. Und für diese Gemeinschaft der Heiligen und Glaubenden hat das

Neue Testament verschiedenen Namen und Bilder: zusammen sind sie der „Leib Christi“ (1Kor.10,17; 12,27; Eph.1,23; 4,15f) oder das „königliche Priestertum (1Petr.2,9) oder das „Volk Gottes“ (Hebr.4,9) oder die „Herde Gottes und Christi“ (1Petr.5,2). Unter ihnen gibt es keine Ordnung des Herrschens der Einen über die Anderen, wie denn Jesus den Söhnen des Zebedäus den Wunsch verwehrt, in Seinem Reich zu Seiner Rechten und Linken zu sitzen. Stattdessen sagt Er allen Seinen Jüngern: „Wer unter euch groß sein will, der sei euer Diener.“ (Matth.20,26) In der Gemeinde Jesu gibt es wohl verschiedene Gaben und Ämter, aber sie alle sind Ämter des D i e n s t e s , griechisch: „diakonia“. Epheser 4: „Und Er hat einige als Apostel eingesetzt, einige als Propheten, einige als Evangelisten, einige als Hirten und Lehrer, damit die Heiligen zugerüstet werden zum Werk des Dienstes.“(Eph.4,11f)

Verlesung Barmen These IV(EG810)

Die H e r r s c h a f t aber gehört Jesus Christus allein, wie Paulus schreibt: „Und es sind verschiedene Ämter; aber es ist e i n Herr.“ (1Kor.12,5) Und dieser Herr wird auch das H a u p t des Leibes Gemeinde genannt. Die anderen aber sind Schwestern und Brüder in Ihm: „Hier ist nicht Jude noch Grieche, hier ist nicht Sklave noch Freier, hier ist nicht Mann noch Frau; denn ihr seid allesamt einer in Christus Jesus.“ (Gal.3,28) Wenn es in den Gemeinden und Kirchen Hierarchien gibt, so beruhen sie auf m e n s c h l i c h e m Recht, nicht auf g ö t t l i c h e m Recht. Göttlich aber ist die vom Heiligen Geist geschenkte „Gemeinschaft der Heiligen“. Diese Heiligen sind wir als von Gott begnadigte Sünder; deshalb gehört der Ausdruck des Bekenntnisses „ V e r g e-b u n g d e r S ü n d e n “ in d i e s e n Zusammenhang. Dabei müssten wir hier der Sache nach alles das wiederholen, was wir uns beim Bedenken des Leidens und Sterbens Jesu zu unserer Versöhnung mit Gott klar gemacht haben. Hier nur soviel: Die Gemeinschaft der Heiligen bedeutet nicht nur unsere Gemeinschaft untereinander, sondern zugleich unsere Gemeinschaft mit Gott. Und deshalb hier : „Vergebung der Sünden“. Als begnadigte Sünder können wir uns auch untereinander annehmen und uns gegenseitig vergeben.

Verlesung Barmen These III (EG 810)

Und das D r i t t e aus dem Wort der Apostelgeschichte: „Sie blieben beständig…im B r o t b r e c h e n . Damit kann m.E. beides gemeint sein: die Gemeinschaft im Heiligen Abendmahl ebenso wie das gemeinsame Essen im täglichen Leben, im umfassendsten Sinn also das T e i l e n dessen, was zum Leben nötig ist. Ich erinnere hier an unsere diakonische Woche in der Bonhoeffergemeinde: „Ich gebe dir mein letztes Hemd und teile Brot und Wasser mit dir.“

Wenn wir im heiligen Abendmahl uns zum Herrn bekennen und von Ihm unser Heil erwarten , kann uns das Ergehen der Schwestern und Brüder nicht

gleichgültig bleiben – oder wir wären im Sakrament nicht Jesus Christus begegnet. In der Gemeinschaft der Heiligen ist uns der notleidende Nächste nicht gleichgültig, sondern ist eine diakonische Aufgabe.
Im Übrigen darf von den hier genannten vier Merkmalen der Kirche nicht eines völlig über die anderen drei gestellt werden. Ich sage das in Richtung auf die nicht nur von mir empfundene Überbetonung des Heiligen Abendmahles in der römisch-katholischen Kirche vor allem Anderen. Im Herbst 1966 – zwei Jahre vor seinem Tod – folgte der alte Karl Barth einer Einladung nach Rom, um die Ergebnisse des 2. Vatikanischen Konzils aus evangelischer Sicht zu kommentieren. Das waren noch Zeiten! Er stellte dort unter anderem diese kritische Frage: „Wieso wird unter den vier Merkmalen der Kirche Acta 2,42 (Bleiben in der Apostel Lehre, Gemeinschaft, Brotbrechen, Gebet) gerade das Dritte (Eucharistie) als konstitutiv für das Leben der Kirche bezeichnet?“ (Ad lim. Apost.S.27) - Eine befriedigende Antwort darauf ist nicht bekannt.

Und zum V i e r t e n heißt es hier in der Apostelgeschichte: „Sie blieben beständig…im G e b e t .“ Die Kirche ist als Stiftung des Geistes Gottes keine horizontale, sondern eine vertikale Einrichtung, m.a.W. sie stammt von oben. Sie ist eine Schöpfung des Wortes Gottes. Und das Wort Gottes ist nicht das Ergebnis einer Umfrage, sondern es stammt eben von Gott. Es stammt von oben. Und so blickt Seine Kirche und Gemeinde, wenn es um ihr Heil und um ihren Glauben und um ihr inneres Leben geht, eben - im Bild gesprochen - nach oben. Darum betet sie zum dreieinigen Gott. Darum versammelt sie sich in Seinem Namen zum Gottesdienst. Darum weiß sie etwa den Sonntag als Tag der besonderen und gemeinsamen Anbetung Gottes zu unterscheiden vom Alltag.
Nicht, dass wir am Alltag nicht beten können. Aber im Gottesdienst feiern wir gemeinsam die großen Taten Gottes für Seine Menschheit, für uns. Das stärkt uns für die Aufgaben des Alltags. Und es lässt uns die Nähe der Schwestern und Brüder erfahren. Besonders hier können wir empfangen und empfinden, was wir von Jesus Christus in der Lesung hörten: „Wie du , Vater, in mir bist und ich in dir, so sollen auch sie in uns sein, damit die Welt glaube, dass du mich gesandt hast. Und ich habe ihnen die Herrlichkeit gegeben, die du mir gegeben hast, damit sie eins seien, wie wir eins sind.“ (Joh.17,21f) Er sagt dort zum Vater auch: „Heilige sie in der Wahrheit; dein Wort ist die Wahrheit. Wie du mich gesandt hast in die Welt, so sende ich sie auch in die Welt.“ (Vv.17f)Unsere Erbauung im Gebet und im Gottesdienst ist kein Selbstzweck. Die Kirche und Gemeinde Jesu ist gesandt in diese Welt, hat an ihr Seinen Auftrag zu erfüllen.
Dieser Auftrag besteht darin, die Botschaft der Menschenfreundlichkeit Gottes überall hin zu tragen – in Worten und Taten. Die Aufgabe, auch für die Kinder und Menschen dieser Welt da zu sein und zu wirken. Wenn ich an der römisch-katholischen Kirche etwas bewundere – auch das gehört vollständigkeitshalber hierher - , dann ist es ihre Mütterlichkeit durch so viele Werke und Einrichtungen der Hilfe für Menschen. Wie mütterlich ist unsere Kirche und

Gemeinde? Wieweit können Menschen unsere Gemeinde und Kirche als Heimat oder als Vaterhaus erleben? Und sich darin als aufgehoben erfahren? - Das sind auch Fragen an dich und mich. Es ist vielleicht eine Frage ebenso an unsere Eitelkeit. Eine richtige Mutter achtet im Dasein für ihre Kinder nicht so sehr auf ihre Schönheit und ihr faltenfreies Gesicht. Dafür achtet sie mehr darauf, dass ihre Kinder gut versorgt sind. Die Kirche, die auf Jesus Christus gegründet steht, braucht keine Angst zu haben, dass sie sich etwa im Dienst für die Welt und ihre Menschen verbraucht. Vielmehr ist ihr durch ihren Herrn verheißen, dass Er bei ihr sein wird alle Tage bis an der Welt Ende , und dass selbst die Pforten der Hölle Seine Gemeinde nicht überwältigen werden.
Amen.

Psalm: 111(EG 744)

Lesung: Joh.17,1a.11b-23

Lieder EG:
155,1: Herr Jesu Christ, dich zu uns wend…
263,1-7: Sonne der Gerechtigkeit…
251,1+5-7: Herz und Herz vereint zusammen…
252,1-5: Jesu, der du bist alleine…
599,1-4: Selig seid ihr…

10. und letzter Teil der Predigtreihe über das Apostolikum:

„Auferstehung der Toten und das ewige Leben“ (carnis resurrectionem (et) vitam aeternam)

24. So. n. Trin., 2.11.2008 Bonhoeffergemeinde Fulda

Lesung: Offenbarung 21,1-7

Flötenkreis: „Wachet auf, ruft uns die Stimme“

Liebe Gemeinde am Ende dieser Predigtreihe!

„Auferstehung der Toten und das ewige Leben“ – genau übersetzt müsste es eigentlich „Auferstehung des F l e i s c h e s “ heißen. Eine solche Vorstellung ist noch radikaler als die der „Auferstehung der Toten“ , was natürlich auch gewaltig ist. Die Bibel redet vom Menschen überwiegend als Ganzem aus Seele und Leib – im Unterschied zur Vorstellung einer unsterblichen Seele im Gegensatz zum sterblichen Körper. Das wäre eine Vorstellung eher aus der antiken griechischen Philosophie.
Mit diesem letzten Teil des Glaubensbekenntnisses haben wir es abschliessend mit dem Gebiet der sogenannten „Letzten Dinge“ zu tun, mit der christlichen H o f f n u n g auf das, was am Ende aller Zeit und darüber hinaus sein wird. Wir haben es zu tun mit der Ewigkeit Gottes , an der w i r Anteil bekommen sollen. Das ist etwas ganz Anderes, als wenn wir mit einem Gedicht Kurt Martis sagen würden: „ Was kommt nach dem Tod? – Nach dem Tod kommen die Rechnungen für Sarg, Begräbnis und Grab...nach dem Tod kommen die Wohnungssucher und fragen, ob die Wohnung erhältlich, nach dem Tod kommen die Grabsteingeschäfte...nach dem Tod kommt die Lebensversicherung...“ (Kurt Marti, Leichenreden 1969, S.27)
In der Lesung eben aus Offenbarung 21 geht es dagegen um eine riesige Hoffnung: es geht um den neuen Himmel und die neue Erde Gottes, in denen es keinen Tod und kein Leid und keine Tränen mehr geben soll. Diesen biblischen Abschnitt und andere Worte von der Auferstehung und vom ewigen Leben verlesen und hören wir bei Beerdigungen und Trauerfeiern und am Grab, damit Trauernde getröstet werden. Für die Trauernden ist ja die Frage unausweichlich: „Was wird mit unseren lieben Verstorbenen jetzt sein?“ - Diese Frage beantworten wir mit dem Bekenntnis der Hoffnung auf das ewige Leben. Das ist das Zeugnis der christlichen Hoffnung in der Situation der S e e l s o r g e an Trauernden. Dabei kann ich mich bei Beerdigungen und Trauerfeiern - als Pfarrer wie auch als Besucher und Teilnehmer - nicht des Eindrucks erwehren, dass an dieser Stelle die biblischen Worte der ewigen Hoffnung oft unvermittelt wirken. Wir müssen realistisch damit rechnen, dass diese Worte hier und da keinen wirklichen und dauerhaften Trost geben können.

Eine andere Sache ist es, über diese Hoffnung am Ende einer langen Reihe von Besinnungen über unser Glaubensbekenntnis nachzudenken. Denn am Ende des ganzen Bekenntnisses tröstet dieser Ausdruck „Auferstehung der Toten und das ewige Leben“ gerade dadurch, dass er am Ende einer langen Reihe von Gottes Taten f ü r u n s steht. Wenn das vorher im Bekenntnis Gesagte die Wahrheit ist, dann kann es gar nicht anders sein, als dass am Ende und Ziel aller Wege Gottes für und mit uns Menschen diese Erlösung von der schrecklichen Macht des Todes steht. Alles vorher über den dreieinigen Gott Gesagte hätte keinen Sinn gehabt, wenn es nicht im Zusammenhang mit gerade diesem Ende und Ziel stünde: Auferstehung und ewiges Leben.
Unser ganzer Glaube, Gottes Wesen als allmächtiger Vater, Seine grosse Schöpfung, Seine Menschwerdung des Sohnes Jesus Christus, Seine Selbsterniedrigung, Sein Leiden, Sein Gehorsam bis zum Tode, Sein Sterben am Kreuz, Seine herrliche Auferweckung zu unserer Hoffnung, Sein Sitzen und Herrschen zur Rechten des Vaters, die Hoffnung auf Seine Wiederkunft, die Gründung Seiner Gemeinde und Kirche durch den Heiligen Geist, die christliche Gemeinde, die Vergebung der Sünden, die Botschaft von unserer Versöhnung mit Gott - a l l e s das wäre ohne Sinn und bleibende Bedeutung für uns, wenn es nicht einmünden würde in Gottes Herrlichkeit, in unsere Verherrlichung mit Jesus Christus. Von ihr sagt Martin Luther im letzten Teil seiner Erklärung zum Credo: „...und am Jüngsten Tage mich und alle Toten auferwecken wird und mir samt allen Gläubigen in Christus ein ewiges Leben geben wird. Das ist gewisslich wahr.“ (EG 806.2,III)

In dem zum Thema Auferstehung so wichtigen und langen Kapitel 15 des Ersten Korintherbriefs schreibt Paulus: „ Gibt es keine Auferstehung der Toten, so ist auch Christus nicht auferstanden. Ist aber Christus nicht auferstanden, so ist unsere Predigt vergeblich, so ist auch euer Glaube vergeblich.“ (1Kor.15,13f)
Ich wage hier den Satz: Sogar für Gott s e l b e r hätte dann alles Vorige keinen Sinn gehabt, wenn es nicht einmündete in unser ewiges Leben mit Ihm. Denn alle Seine Taten für uns zielten darauf hin, dass wir am Ende Ihn schauen werden von Angesicht zu Angesicht. Paulus erinnert daran, dass unsere Hoffnung auf Auferstehung der Toten aufs engste verknüpft ist mit der Auferstehung Jesu am Ostermorgen. Er allein, der Auferstandene, kann sagen: „Ich lebe – und ihr sollt auch leben.“
In dem erwähnten Kapitel unternimmt es der Apostel Paulus , uns über die Auferstehung der Toten und des Fleisches Genaueres zu sagen. Die Lektüre des ganzen Kapitels 1. Korinther 15 lohnt sich auf jeden Fall! Einiges davon versuche ich hier, zusammen zu fassen:
Für Paulus ist der T o d nicht zu verharmlosen. Der Tod ist für ihn eindeutig der grosse F e i n d des Lebens und der Feind Gottes und Christi. Er schreibt darüber: „Der letzte Feind, der vernichtet wird, ist der Tod.“ (V.26) - Wir sind als Christen nicht dazu eingeladen, uns mit dem Tod sozusagen „anzufreunden“.

Der Tod ist der Feind des Lebens. Und eine tödliche Krankheit ist gleichsam eine Schwester des Todes. Wenn die beiden zusammenkommen, also wenn etwa ein Mensch nach langem Krankheitsleiden stirbt, dann sind wir versucht zu sagen: „Der Tod hat ihn von seinem Leiden erlöst." – Doch möchte ich eher dazu einladen, mit dem Ausdruck „Erlösung" anders und christlich umzugehen. Erlöst ist erst der Mensch, der im ewigen Reich Gottes lebt. Der Tod ist dagegen der Feind des Lebens und der Feind Gottes.
Paulus gibt auch Antworten auf die schwierige Frage: „Wie werden die Toten auferstehen, und mit was für einem Leib werden sie kommen?" (V.35) – Und er unterscheidet dann himmlische Körper von irdischen Körpern, um später zu schreiben: „So auch die Auferstehung der Toten. Es wird gesät verweslich und wird auferstehen unverweslich. Es wird gesät in Niedrigkeit und wird auferstehen in Herrlichkeit....Es wird gesät ein natürlicher Leib und wird auferstehen ein geistlicher Leib....Die Toten werden auferstehen unverweslich, und wir werden verwandelt werden. Denn dies Verwesliche muss anziehen die Unverweslichkeit , und dies Sterbliche muss anziehen die Unsterblichkeit ....Dann wird erfüllt werden das Wort, das geschrieben steht: Der Tod ist verschlungen vom Sieg. Tod, wo ist dein Sieg? Tod, wo ist dein Stachel?"
(V.42-55 passim)
Liebe Gemeinde, ich höre daraus die Verheissung, dass wir mit Christus auferstehen werden, in einem n e u e n , uns noch nicht bekannten g e i s t l i c h e n Leib, aber eben mit einem L e i b . Wir werden also nicht unterschiedslos in eine Masse oder in eine Art „Nirwana" eingehen, sondern wir werden auch in der Auferstehung und Verwandlung der b e s t i m m t e Mensch sein, den Gott in der Taufe bei seinem Namen gerufen hat. Wir werden unterschieden sein in Ich und Du, dann aber in unzerstörbarer Gemeinschaft mit denen, die Gott ewig anrufen, anbeten und loben in einer neuen Schöpfung ohne Streit und Krieg, ohne Krankheit und Tod, ohne Treulosigkeit und Verrat, ohne Trauer und Tränen. Der Tod wird verschlungen sein in den Sieg. So wird das ewige Leben zugleich das Wiedersehen mit denen sein, die uns vorausgegangen sind. Und was unsere irdischen Augen noch nicht ertragen – Gott sehen von Angesicht zu Angesicht – das wird dann endlich und schliesslich sein – von Angesicht zu Angesicht. K l e i n e r muss und soll unsere Hoffnung vor dem Hintergrund des ganzen Glaubensbekenntnisses und der Heiligen Schrift wirklich nicht sein!

Liebe Gemeinde, das eben Gesagte ist die auf die Z u k u n f t gerichtete Hoffnung auf das ewige Leben. Es soll hier aber nicht verschwiegen werden, dass im Neuen Testament vom ewigen Leben auch schon zu i r d i s c h e n L e b z e i t e n von Menschen die Rede ist. Das gilt auch für Paulus, der im 2. Korintherbrief schreibt: „ Ist jemand in Christus, so ist er ein neues Geschöpf; das Alte ist vergangen, siehe, Neues ist geworden." (2Kor.5,17)
Vor allem im J o h a n n e s e v a n g e l i u m stehen das ewige Leben als Gegenwart und das ewige Leben als Zukunft nebeneinander. In Johannes 5 sagt

Jesus Christus: „ Wer mein Wort hört und glaubt dem, der mich gesandt hat, der hat das ewige Leben und kommt nicht in das Gericht, sondern ist vom Tode zum Leben hindurch gedrungen. Wahrlich, wahrlich, ich sage euch: Es kommt die Stunde und ist schon jetzt , dass die Toten hören werden die Stimme des Sohnes Gottes, und die sie hören werden, die werden leben." (V.24f)
Wenn wir schon hier zu irdischen Lebzeiten mit Jesus Christus leben und Sein Wort hören, dann gehören wir für Zeit und Ewigkeit zu Ihm. Unser ganzes Leben samt seiner Geistigkeit und seiner Leiblichkeit geht für Jesus Christus nicht verloren. Unser ganzes Leben wird vielmehr aufgehoben in Gottes Ewigkeit. Die Haare auf unserem Haupt sind von Ihm gezählt – und unsere Tränen auch, wie es etwa in einem Paul-Gerhardt-Lied heisst: „ Du zählst, wie oft ein Christe wein und was sein Kummer sei; kein Zähr- und Tränlein ist so klein, du hebst und legst es bei." (EG 324,11)
In diesen Zusammenhang gehört zugleich die Erwartung der Gerechtigkeit Gottes als Jüngstes Gericht. Vor Gottes Ewigkeit wird keine Lüge sein, die nicht durch die Wahrheit aufgedeckt wird, und keine Ungerechtigkeit wird verborgen bleiben. Jede und jeder von uns hat schwache Stellen und kennt das eigene Versagen und die eigene Schuld. Gott hat das Recht, uns dafür zur Rede zu stellen. Das ist das Beunruhigende an der Vorstellung vom Jüngsten Gericht. Und das Beruhigende und Zuversichtliche daran ist, dass es der Sieg der Wahrheit über die Lüge sein wird. Sein Sohn Jesus Christus ist es, der zum Gericht kommt .(s.2Kor.5,10) Da kommt also der zum Gericht, der eben nicht nur der Richter, sondern zugleich der für uns am Kreuz Gerichtete ist, unser Versöhner mit Gott. Wir warten auf Seine unbestechliche Gerechtigkeit , und wir hoffen, dass es für uns die Gerechtigkeit Seiner Gnade ist, die da über uns und alle Welt kommt.

Und was wird mit denen, die in ihrem irdischen Leben n i c h t zu Jesus Christus gehörten oder die nicht zu Ihm gehören wollten? Und was wird mit den grossen Schurken der Weltgeschichte bis in unsere Tage? – Paulus schreibt ja, dass einmal a l l e r Zungen Jesus bekennen werden , und dass a l l e Knie sich vor Ihm beugen werden. (Phil.2,10f) Er sagt ausserdem: „Von Ihm und durch Ihn und zu Ihm hin sind alle Dinge." (Röm.11,36)
Liebe Gemeinde! So verlockend die Vorstellung von einer Allversöhnung auch sein mag: doch ich sehe für die christliche Gemeinde und für unsre Verkündigung keine Beauftragung oder auch nur Ermächtigung zu einer Botschaft für die Erlösung a l l e r Menschen. Als Gemeinde , die an den Versöhner Christus glaubt, tun wir wohl das Richtige, wenn wir für alle Menschen an der Hoffnung festhalten – auch für die Gottesleugner, für die Hoffnungslosen, für die Lieblosen. Gottes Größe ist unermesslich. Er übersteigt in Seinen Möglichkeiten alle unsere Vorstellungen. Das haben wir uns schon zu Anfang dieser Predigtreihe bewusst gemacht.
Dass Er sich in seinem Sohn uns zugewandt hat, dass er sich in Ihm zu uns herabgebeugt hat, dass Er uns grenzenlos liebt, das alles war und ist der

Hauptinhalt dieser Predigtreihe. So lasst uns unserer Zukunft getrost und getröstet entgegensehen.
Der Apostel schreibt: „Denn ich bin gewiss, dass weder Tod noch Leben, weder Engel noch Mächte noch Gewalten, weder Gegenwärtiges noch Zukünftiges, weder Hohes noch Tiefes noch eine andere Kreatur uns scheiden kann von der Liebe Gottes, die in Christus Jesus ist, unserem Herrn." (Röm.8,38f)
Amen.

Psalm: 91 (EG 736)

Lieder EG:
156: Komm, Heiliger Geist…
432, 1-3: Gott gab uns Atem, damit wir leben…
200,1+4: Ich bin getauft…
147,1+2: Wachet auf, ruft uns die Stimme…
150,1+4-7: Jerusalem, du hochgebaute Stadt…
147,3: Gloria sei dir gesungen…

Predigt über Jesaja 6,1-13, So. Trinitatis 19. Juni 2011, Bonhoeffergemeinde

VERLESUNG des Abschnitts nach rev. Lutherbibel

Liebe Gemeinde,

von den sechs Predigttexten zum Sonntag der Dreieinigkeit Gottes sind zwei aus dem A l t e n Testament. Einmal dieser hier aus Jesaja und dann noch der Abschnitt aus dem 4. Buch Mose, in dem der sog. Aaronitische Segen eingeführt wird, der d r e i gliedrig ist: „Der Herr segne und behüte dich;
der Herr lasse Sein Angesicht leuchten über dir und sei dir gnädig;
der Herr hebe Sein Angesicht über dich und gebe dir Frieden." (4.Mose 6,24ff.)
Von daher nun die Frage: gibt es auch im heutigen Predigttext aus Jesaja 6 etwas, was auf die D r e i einigkeit Gottes zielt? – Da ist zum Einen der dreifache Lobpreis der Thronengel Gottes: „Heilig, heilig, heilig ist der Herr Zebaoth...". Da wird ferner bei den Engeln, den Seraphim, von d r e i Flügelpaaren erzählt.

Was für mich aber am deutlichsten mit der Trinität Gottes zusammenhängt, ist die grundsätzliche Anschauung, dass eben Gott in sich selber, in Seiner Ewigkeit, nicht einsam, sondern in Gemeinschaft lebt. Dass da in Gott selbst eine ewige und nicht abreissende Bewegung ist – und zwar eine solche Bewegung und Gemeinschaft, die jederzeit mit uns M e n s c h e n zu tun hat. Das ist für meinen Glauben das wichtigste an der christlichen Lehre von der Dreieinigkeit Gottes: dass sie verbürgt, dass Gott für uns Menschen ist und dass Er für uns gehandelt hat, sogar Mensch geworden ist , und dass Er allezeit für uns handeln wird. Die ewige Voraussetzung dieser Liebe zum Menschen ist Seine Einheit in der Dreiheit und Seine Dreiheit in der Einheit des Vaters und des Sohnes und des Heiligen Geistes. Wenn Menschen dieses göttliche Geheimnis in irdischen, menschlichen Worten nachsprechen wollen, so klingt das etwa wie die Worte aus dem 3. Artikel des Nicänischen Glaubensbekenntnisses: „ Wir
glauben an den Heiligen Geist, der Herr ist und lebendig macht, der aus dem Vater und dem Sohn hervorgeht, der mit dem Vater und dem Sohn verherrlicht wird, der gesprochen hat durch die Propheten."

Liebe Gemeinde! Einer dieser Propheten war der Jesaja aus unserem heutigen Bibelabschnitt. Über diesen relativ frühen Schriftpropheten erfahren wir einiges: das Jahr seiner Berufung ist, wie wir eben gehört haben, das Todesjahr des Königs Usija, das wäre nach unserer Zeitrechnung das Jahr 736 vor Christus. Usija war ein König des Südreiches Juda und regierte in Jerusalem , und Jesaja wirkte als Prophet in Juda zur Regierungszeit der Nachfolger Usijas Jotam, Ahas und Hiskia , also etwa bis zum Jahr 700 v. Chr.. Im Nordreich Israel

wirkte in jenen Jahren der Prophet Hosea. Das Nordreich Israel ging im Jahr 722 unter dem Ansturm der Assyrer als eigenständiger Staat für immer unter. Sein theologisches und prophetisches Vermächtnis ging auf das Südreich Juda über und blieb so zum grossen Teil erhalten.
In dem gehörten Abschnitt aus Jesaja 6 hören wir von einer gewaltigen Offenbarung des Herrn an Jesaja: der Herr auf einem erhabenen Thron , und schon allein das untere Ende Seines Gewandes füllt den ganzen Jerusalemer Tempel aus, in dem Jesaja sich befindet . Engel sind um den Herrn herum und singen Sein Lob : „Heilig, heilig, heilig ist der Herr Zebaoth, alle Lande sind Seiner Ehre voll!" - Von der Gewalt dieses himmlischen Gesangs beben die Schwellen und Stützpfeiler des Tempels, und Rauch erfüllt das Gotteshaus.
Diese überwältigende Offenbarung des Größe und Machtfülle Gottes wirkt auf Jesaja zunächst nur schrecklich und furchteinflössend: „ Da sprach ich: Weh mir, ich vergehe! Denn ich bin unreiner Lippen und wohne unter einem Volk mit unreinen Lippen; denn ich habe den König, den Herrn Zebaoth, gesehen mit meinen Augen." - Jesaja weiß also, dass kein menschlicher Mund - weder jemand aus seinem Volk noch er selber - würdig wäre , im Namen des Herrn das zu sagen, was dazu drängt, als Wort Gottes verkündet zu werden. – Liebe Gemeinde, wie halten wir es denn mit der Heiligung des Namens Gottes? - Jesaja weiß jedenfalls: er und sein ganzes Volk ist zu unrein dazu. – Wir fragen: Warum eigentlich? – Ihre gemeinsame Unreinheit stammt aus der dauernden Missachtung und Übertretung des Willens Gottes. Die Kapitel des Jesajabuches vor diesem 6. Kapitel sprechen dazu eine deutliche Sprache: da ist z.B. das Weinberglied aus Jesaja 5, in dem Israel und Juda mit einem Weinberg des Herrn verglichen wurden. Am Ende dieses Gleichnisses wird mit einem hebräischen Wortspiel gesagt: der Herr wartete auf mischpat – und siehe, da war mispach; auf zedaka , und siehe ze-aka! Im Deutschen wiedergebbar mit: „Er wartete auf Rechtsbruch, siehe, da war Rechtssbruch, auf Gerechtigkeit, siehe, da war Geschrei über Schlechtigkeit." (Jes.5,7) Darüber hinaus wurde die Sünde durch Ansehen der Person vor Gericht beklagt sowie die Mißhandlung von Schwachen. (Jes.3,15) Ausserdem kritisiert wurde die Gottlosigkeit, der Götzendienst (2,9) sowie die Gottvergessenheit.
Da heisst es im 1. Kapitel aus Gottes Mund: „ Der Ochse kennt seinen Herrn und ein Esel die Krippe seines Herrn; aber Israel kennt es nicht, und mein Volk versteht es nicht." (1,3) – Ein Wort, das es über die Weihnachtsgeschichte bis in die Krippendarstellungen geschafft hat.

Wegen der Unreinheit seiner Lippen muss der spätere Prophet Jesaja erst von seiner Schuld losgesprochen werden. „Da flog einer der Serafim zu mir und hatte eine glühende Kohle in der Hand, die er mit der Zange vom Altar nahm, und rührte meinen Mund an und sprach. Siehe, hiermit sind deine Lippen berührt, dass deine Schuld von dir genommen werde und deine Sünde gesühnt sei." – Erst danach kommt es zur eigentlichen Berufung des Propheten durch die Stimme des Herrn, der sagt: „Wen soll ich senden? Wer will unser Bote sein? -

„Ich aber sprach: Hinneni! (Also:) Hier bin ich, sende mich!“ – Nachdem ihm die Sünden vergeben und so sein Mund rein geworden ist, gibt es keine Hemmung mehr zwischen Jesaja und dem Willen und Wort des Herrn. Deshalb ist er jetzt uneingeschränkt bereit , den Willen des Herrn auszuführen und Sein Wort weiterzusagen. – Doch der nun vom Herrn kommende Auftrag dürfte enttäuschend für Jesaja gewesen sein: „ Geh hin und sprich zu diesem Volk: Höret und versteht es nicht; sehet und merkt es nicht! Verstocke (wörtlich: verfette!) das Herz dieses Volkes und lass ihre Ohren taub sein und ihre Augen blind, dass sie nicht sehen mit ihren Augen noch hören mit ihren Ohren noch verstehen mit ihrem Herzen und sich nicht bekehren und genesen.“
Mit anderen Worten: Du wirst mein Wort sagen, aber ich sorge dafür, dass die Adressaten es nicht wirklich hören, nicht verstehen und nicht annehmen.
Liebe Gemeinde! Was für ein entsetzlicher prophetischer Auftrag! Was für eine Seite Gottes, die uns fremd erscheinen muss! Und doch eine zu respektierende göttliche Entscheidung!

Eine Entsprechung dazu ist für mich das Wirken und die Botschaft Dietrich Bonhoeffers, der in der Zeit völliger Verblendung grosser Teile unseres Volkes – und leider auch unserer Kirchen! – im Namen Gottes und Christi die Stimme erheben musste – gegen Gottlosigkeit und Menschenverachtung – und der doch erfahren musste, dass dieses Wort von den Zeitgenossen nicht aufgenommen wurde. Erst nach dem völligen Zusammenbruch des Unrechtssystems – und erst nach Bonhoeffers Ermordung - kamen dieses Wort und diese prophetische Kritik zu ihrem Recht und zu ihrer Anerkennung.
Offengestanden, liebe Gemeinde, bin ich froh, einen solchen negativ bestimmten Auftrag von Gott und Jesus noch nie bewusst erhalten zu haben. Ich respektiere allerdings an dieser Berufung Jesajas, dass das gepredigte Wort Gottes, wenn wir es verkündigen , sich an G o t t e s Willen und Wesen zu orientieren hat – und nicht etwa an den Interessen der M e n s c h e n . Für den Menschen ist es gut und sinnvoll, sich an Gott zu orientieren und auf den Versuch zu verzichten, sich Gott nach den eigenen Wünschen und Vorstellungen zurecht zu zimmern und zu biegen.

Jesaja ist schon hier am Anfang seines Wirkens ein grosser, ein wirklicher Prophet Gottes geworden. Denn er lebt nach zwei Seiten hin: zum Einen stellt er die Botschaft und den Willen Gottes nicht in Frage. Er bleibt bei seinem „Hier bin ich!“ - Er wird Gottes Willen ausführen. – Die andere, die zweite Seite des guten und wirklichen Propheten, ist die Liebe zu seinem Volk. So auch hier bei Jesaja. „Ich aber sprach: Herr, wie lange?“ – M.a.W. : Herr, willst du deine Verwerfung des Volkes nicht zeitlich begrenzen? Willst Du uns nicht irgendwann wieder gnädig sein?
- Von dieser zukünftigen Gnade und Zuwendung Gottes ist in seiner Antwort die Rede. Nach der Zerstörung und Wegführung des Nordreiches Israel durch die Assyrer und später des Südreiches Juda durch die Babylonier wird es sein

„wie bei einer Eiche und Terebinthe, von denen beim Fällen noch ein Stumpf bleibt. Ein heiliger Same wird solcher Stumpf sein.“ - Die Geschichte Gottes mit Seinem Volk wird weitergehen, Gottes Liebe wird nicht aufhören. Schliesslich ist es ja das Jesajabuch, wo die ersten Weissagungen des Messias im Alten Testament auftauchen. Das sind ja Worte aus Jesaja:
„Siehe, eine Jungfrau ist schwanger und wird einen Sohn gebären...“ (7,14)
„Das Volk , das im Finstern wandelt, sieht ein grosses Licht...Denn uns ist ein Kind geboren, ein Sohn ist uns gegeben...“ (9,1.5)
„Und es wird ein Reis hervorgehen aus dem Stamm Isais und ein Zweig aus seiner Wurzel Frucht bringen. Auf Ihm wird ruhen der Geist des Herrn...“ (11,1ff.)
Die Geschichte der Gnade Gottes wird weitergehen, und wir werden nicht aus ihr herausfallen. So wie bei Jesaja der Saum der Herrlichkeit Gottes in den Tempel ragt, so ragt die Liebe Gottes in unser Leben und in den Weg, den Gott mit uns vorhat. Es ist seine Tat in Jesus Christus , dass Er uns so von der Sünde freispricht, damit wir uns vor Ihm nicht ängstigen müssen und damit wir Sein Wort hören und annehmen können. Er läßt uns nicht allein.
„Er ist um mich, schafft, dass ich sicher ruhe; Er schafft, was ich vor- oder nachmals tue, und Er erforschet dich und mich.
Er ist dir nah, du sitzest oder gehest, ob du ans Meer, ob du gen Himmel flöhest, so ist Er allenthalben da.“ (EG 598,5+6)
Amen.

Psalm: 145 (EG 756)
Epistel: Röm.11,32-36

Lieder EG:
133,1+5
140,1-5
321,1-3
598,1-6
598,7-9

Predigt über 1. Mose 50, 15-21, 4.So.n.Trin., 17.7.2011, Fulda Bonhoeffergemeinde

---

VERLESUNG des ABSCHNITTS nach rev. LUTHERBIBEL

Liebe Gemeinde!

Diese Verse aus dem letzten Kapitel des 1. Buches Mose stehen gegen Ende einer der längsten Einzelgeschichten der Bibel überhaupt: in 13 langen Kapiteln wird die Geschichte Josefs erzählt, die zugleich die Geschichte der Nachkommen Abrahams und Saras sowie Isaaks und Rebekkas ist.
Diese lange Geschichte liesse sich unter verschiedenen Überschriften und Blickwinkeln lesen: einmal als Geschichte Gottes in Seinem Handeln an den Vorfahren des Volkes Israel. Sie könnte aber auch gelesen werden als Familiensaga oder als Kriminalgeschichte oder als Abenteuergeschichte oder eben – wie es sich besonders in dem heute gehörten Abschnitt zeigt – als Geschwistergeschichte.
Das Thema Geschwister wird in unseren Tagen genauer betrachtet; da wird z.B. daran gedacht, dass man sie sich – sofern man Geschwister hat – nicht aussuchen konnte. Wenn nicht ein Todesfall dazwischenkommt, ist die Beziehung zwischen Geschwistern die im Menschenleben zeitlich sehr frühe und zugleich l ä n g s t e und dauerhafteste Beziehung zwischen Menschen.
Wir können die Josefsgeschichte ebenso hören als Geschichte von Tätern und Opfern, als Geschichte von Schuld, Vergebung und Versöhnung. Auch darum geht es besonders in unserem heute gehörten Abschnitt. Dieser Abschnitt ist allerdings für sich allein betrachtet nicht verständlich. Wir sollten da schon einen Blick auf die g a n z e Josefsgeschichte mit ihrem Verlauf und den Entwicklungen werfen. Selbstverständlich ist die ganze Geschichte aus den Kapitel 37 sowie 39-50 der Genesis sehr lesenswert. Wir können hier ihren Verlauf nur in groben Zügen nennen:
Josef ist der jüngste von zunächst 11 Söhnen Jakobs, die ihm von vier Frauen geboren wurde, von denen Rahel die Lieblingsfrau war. Lange Jahre ihrer Ehe war sie zu ihrem Kummer kinderlos geblieben. Dann wurde ihr endlich ein Kind geschenkt. Ihren Sohn nannte sie Josef.
Später gebar sie noch einen Sohn , dessen Geburt sie allerdings das Leben kostete. Sein Vater nannte ihn dennoch Benjamin – „Sohn des Glücks“.
Zunächst war Josef der Lieblingssohn Jakobs, weil – wie es heisst – „er der Sohn seines Alters war.“ (Gen.37,3) Entsprechend wurde er verwöhnt und seinen 10 älteren Brüdern vorgezogen. Solche pädagogischen Kardinalfehler bleiben nicht ohne Folgen nach mehreren Seiten hin: Die Brüder wurden neidisch – bei Geschwistern sagt man dazu: eifersüchtig – und sie begannen, Josef zu hassen – und Josef wurde hochnäsig und träumte mehrfach davon, dass

sich Eltern und Geschwister einmal vor ihm verneigen würden. Selbst seinem Vater war das dann doch zuviel! (s.37,10)
Vielen Menschen wird zu allen Zeiten grosses Leid zugemutet, indem sie in der Geschwisterreihe durch ihre Eltern zurückgesetzt werden. Das ist ein grosser Stoff für Tragödien und für Konflikte zwischen Geschwistern, die oft genug sogar tödlich enden.
Bei den Brüdern Josefs das Fass zum Überlaufen brachte, dass Jakob seinen 17jährigen Sohn Josef doch tatsächlich zu ihnen aufs Feld und zu den Viehherden schickte , um nachzuschauen, ob sie alles richtig machten. Als seine Brüder ihn von weitem sehen, fassen sie den Vorsatz, ihn umzubringen, doch wenigstens das kann Ruben, der Älteste, verhindern. Stattdessen nehmen sie Josef seine kostbare Kleidung ab und werfen ihn in eine Grube, einen ausgetrockneten Brunnen. Später verkaufen sie ihn für 20 Silberstücke als Sklaven an eine vorbeiziehende Karawane . Sie zieht nach Ägypten . Dort wird er als Sklave an den Hofbeamten Potifar verkauft. Seine Brüder tauchen seine Kleidung in das Blut eines Tieres und lassen so seinen entsetzten und tieftraurigen Vater Jakob glauben, sein Lieblingssohn sei von einem wilden Tier zerrissen worden.
In der Josefgeschichte wird später gegen Ende viel und oft davon erzählt, dass Josef weint. Darauf kommen wir noch zurück. Aber wie er sich als von seinen Brüdern ausgeraubt und als Sklave verkauft gefühlt hat, darüber sagt die Bibel nichts Näheres. Wir können uns allerdings vorstellen, dass das Wechselbad vom geliebten Sohn zum entwürdigten Sklaven von jetzt auf gleich fürchterlich sein muss. Von nun an wird Josef einer Kette von Entwürdigung und Willkür ausgesetzt. Durch Verleumdung landet er sogar im Gefängnis. Wir lesen aber auch: „Aber der Herr war mit ihm und neigte die Herzen zu ihm…“ (Gen. 39,21) So wird Josef durch sein Auftreten, das nichts Arrogantes mehr an sich hat, zur Rechten Hand des Gefängnisaufsehers. Zwei Mitgefangenen legt er ihre Träume aus. Dadurch wird er später eingeladen, zwei Träume des Pharaos zu deuten, dass nämlich auf sieben fruchtbare und fette Jahre sieben unfruchtbare und magere Jahre folgen werden. Josef steigt zum wichtigsten Minister des Hofes auf . Er ist nun 30 Jahre alt, heiratet Asenat und bekommt mit ihr die Söhne Manasse und Ephraim. Als Statthalter des ägyptischen Königs verwaltet er auch die Kornvorräte des Landes aus den fetten Jahren. Als schliesslich die mageren Jahre der Missernten kommen, gibt es deshalb Korn aus den Vorräten , die in den Jahren davor gesammelt worden waren. Es ist soviel Getreide da, dass sogar an Ausländer etwas davon verkauft werden kann. Das ist der Punkt, an dem in der Geschichte der Faden der Familiengeschichte wieder aufgenommen wird: denn Jakob schickt seine Söhne – ausser Benjamin – von Kanaan nach Ägypten, um Korn zu kaufen. Dabei geraten die Brüder vor Josef, der den Getreideverkauf unter sich hat – e r erkennt sie sofort, aber s i e erkennen ihn nicht mehr. Ab jetzt wird die Geschichte der Brüder so verwickelt und kompliziert, dass man das am besten ab Kapitel 42 selber nachliest. Zusammenfassend soviel hier: Josef spielt mit seinen Brüdern Katze und Maus.

Er taucht die Brüder in ein Wechselbad von Freundlichkeit und Einladung und plötzlicher Härte mit Verdächtigungen und Geiselnahme. Er läßt sie –äusserlich eiskalt, aber innerlich völlig aufgewühlt, sodass er sich immer wieder zum Weinen zurückziehen muss – er lässt sie die ganze Unbarmherzigkeit und Willkür der Mächtigen über die Ohnmächtigen spüren. Er lässt sie gleichsam im Zeitraffer seine Ängste und seine Ohnmacht nacherleben.
Sie erkennen aber auch den Zusammenhang ihrer Ängste mit ihrer Schuld an Josef, die in ihnen brennt, auch ohne dass sie ihn jetzt erkennen. Sie sagen: „Das haben wir an unserem Bruder verschuldet! Denn wir sahen die Angst seiner Seele , als er uns anflehte, und wir wollten ihn nicht erhören; darum kommt jetzt diese Trübsal über uns." (42,21) Obwohl sich sowohl die Brüder und erst recht ihr Vater Jakob lange sträuben, der Forderung Josefs, bei einem zweiten Kommen nach Ägypten den jüngsten Sohn und Bruder Benjamin mitzubringen, geben sie dieser Forderung angesichts schrecklicher Hungersnot nach. Beim Anblick Benjamins, seines jüngsten Bruders und Sohn beider Mutter Rahel kann sich Josef seiner Tränen nicht erwehren und muss sich zunächst zurückziehen. (43,29f) Auf eine letzte Probe stellt Josef seine Brüder, indem er androht, Benjamin, weil er angeblich seinen Becher gestohlen hatte, als Sklaven zurückzubehalten. Die Brüder wissen, dass in dem Fall ihr Vater vor Gram sterben würde, nachdem er schon Josef verloren hatte.
Ausserdem hatte Juda vor dieser Reise seinem Vater mit seinem eigenen Leben für Benjamin gebürgt. Deshalb bietet Juda nun Josef sein Leben für Benjamin an. Das ist nun der Punkt, wo Josef merkt, dass sich die Haltung der Brüder wirklich gewandelt hat und dass sie einstehen wollen für die Schuld ihm gegenüber. Die Geschwister (Täter)waren daran gereift, dass sie die Schmerzen des Opfers nachempfunden hatten.
So gibt Josef sich ihnen unter lautem Weinen zu erkennen. Gleichzeitig sagt er ihnen seine Vergebung zu. „Und nun bekümmert euch nicht und denkt nicht, dass ich darum zürne , dass ihr mich hierher verkauft habt; denn um eures Lebens willen hat mich Gott vor euch hergesandt, ...dass Er euch übriglasse auf Erden und euer Leben erhalte zu einer grossen Errettung...I h r habt mich nicht hergesandt, sondern Gott..." (45, 5-8) – Das ist auch der Grundgedanke der ganzen Josefgeschichte, wie er in unserem Predigtabschnitt in das Wort zusammengefasst ist: „I h r gedachtet es böse mit mir zu machen , aber G o t t gedachte, es gut zu machen, um zu tun, was jetzt am Tage ist, nämlich am Leben zu erhalten ein grosses Volk." (50,20)
Zu den Folgen der Versöhnung der Brüder gehörte dann, dass Jakob und alle seine Nachkommen zu Josef nach Ägypten umsiedelten. So kam Israel nach Ägypten. Es wurden dann vielfältig gesegnete Jahre für Alle. Noch 17 Jahre lebte Jakob in Ägypten, dann – wie es heisst- wurde er versammelt zu seinen Vätern. (49,33) Mit grossem Gefolge wurde er nach vielen Trauertagen bestattet in der Höhle Machpela, wo bereits die Vorfahren Abraham und Sara sowie Isaak und Rebekka ruhten – und seine erste Frau Lea. (49,31)

Nach Jakobs Tod fürchten die anderen Brüder erneut, dass in Josef noch Rachegefühle sein könnten, die er zu Lebzeiten des Vaters vielleicht zurückgestellt hatte. Darum bitten sie ihn jetzt erneut: „ Nun vergib uns doch diese Missetat…!" und sie unterwerfen sich ihm wieder. (50,16+18)
Schon bei seiner ersten Versöhnung mit den Brüdern hatte Josef viel geweint. Jetzt wird dies beim Schuldbekenntnis der Brüder wieder so. Und er versichert ihnen: „Fürchtet euch nicht! Stehe ich denn an Gottes Statt? Ihr gedachtet es böse zu machen, aber Gott gedachte es gut zu machen…Und er tröstete sie und redete freundlich mit ihnen." (50,19-21)

Welche Bedeutung hat das wohl für den biblischen Erzähler, dass er immer wieder auf das W e i n e n besonders Josefs, aber auch all der Anderen zu sprechen kommt?
Liebe Gemeinde! In unserer Seelsorgeausbildung als Pfarrer wurde uns beigebracht, dass es nur v i e r G r u n d g e f ü h l e des Menschen gibt. Alle anderen Gefühle sind daraus zusammengesetzt – so sei z.B. Trauer eine Mischung aller Grundgefühle. Diese vier Grundgefühle sind:
F r e u d e , Ä r g e r , A n g s t und W u t . Und diese Gefühle vermischen sich in Josefs Weinen und in seiner inneren Rührung: der Ärger, dass die Brüder ihn gehasst und verkauft haben, die Wut, dagegen aus eigener Kraft nichts tun zu können, die Angst, seine Freiheit und seine Familie für immer zu verlieren und die Freude, sie endlich wiederzusehen und dann auch als seine Familie zurück zu gewinnen. Die nie versiegte und nie gestorbene L i e b e zu seinen Verwandten ist neben der Güte und Fügung Gottes eine grosse Kraftquelle für diese Vergebungs- und Versöhnungsgeschichte. Im Weinen Josefs und der Brüder mischt sich unter diese Liebe auch die T r a u e r über all die verlorenen Jahre , die man hätte zusammen verbringen können. Als Weisheitsgeschichte stellt uns die Josefgeschichte deshalb zugleich die Frage, ob w i r jeweils bereit sind, nötige und mögliche Schritte zu einer Vergebung und Versöhnung zu gehen, um die Zeiten von Streit, Neid, Selbstüberschätzung und gegenseitiger Entfremdung nicht unnötig lange hinauszuziehen. Diese Geschichte lehrt uns ferner, dass Umkehr, Vergebung und Versöhnung sich nicht nur in einem einzigen Moment ereignen können, sondern wie hier in einem längeren Zeitraum der persönlichen Reifung, also in einer Geschichte bzw. in einem längeren Prozess. Dazu gehört, dass die Brüder Josefs mehrmals die langen Wege zu Josef machen müssen. Und dass sie zur Einsicht in ihre Schuld gebracht werden, und dass sie diese Schuld dann auch bereuen und dem Opfer gegenüber bekennen können.
Die Versöhnung in dieser Geschichte weist uns in einzelnen Zügen voraus auf das, was im N e u e n Testament über Versöhnung gesagt werden wird, weist voraus auf Jesus Christus. Auch dort verliert der Vater Seinen geliebten Sohn scheinbar in den Tod, aber das Grab muss Ihn wiedergeben. Hier wie dort lesen wir eine Geschichte, in der jemand für einen Beutel Silberstücke verraten und verkauft wird. Auch in der Geschichte Jesu Christi geschieht Versöhnung durch

stellvertretende Hingabe des Lebens am Kreuz – auch das Angebot des Juda, sein Leben anstelle seines Bruders Benjamin hinzugeben, ist eine Stellvertretung mit dem Ziel, für die Schuld der Vielen einzustehen.
Noch höher als die Liebe unter Menschen preist die Josefsgeschichte die Liebe Gottes, die dem allen eine Richtung auf Segen hin gibt. Weil w i r eher nur das Äussere sehen und beurteilen, sehen wir oft lange Zeit nicht den Sinn von Geschehnissen , die wir so nicht gewollt haben. Manchmal sehen wir erst nach langer Zeit, dass wir da und dort von Gott geführt worden sind, und dass – wie jemand sagte – ein „Stolperstein zum Meilenstein" wurde.
Dietrich Bonhoeffer schrieb in Widerstand und Ergebung: „ Ich glaube, dass auch unsere Fehler und Irrtümer nicht vergeblich sind, und dass es Gott nicht schwerer ist, mit ihnen fertig zu werden als mit unseren vermeintlichen Guttaten." (WuE, GTB 1951,18f.)
Der Apostel Paulus sagte es so: „ Wir wissen aber, dass denen, die Gott lieben, alle Dinge zum Besten dienen." (Röm.8,28)
Amen.

Psalm:42 (EG 723)

Lesung: Lukas 6, 36-42

Lieder EG:
130,1+2; 444,1-5; 412,1+4-6; 358,1-4; 396,1+6

Predigt über 2. Mose 3, 1-14, Letzter Sonntag nach Epiph., 13.2.2011
Bonhoeffergemeinde Fulda

VERLESUNG des Abschnitts nach rev. Lutherbibel

Liebe Gemeinde!

Diese gehörte , ziemlich bekannte biblische Geschichte enthält so viele einzelne wichtige Momente und Begebenheiten, dass es schwierig ist , zu entscheiden, womit man anfangen und aufhören soll .
Sicher geht es um mindestens d r e i Erzähllinien: es geht um den bedeutendsten Propheten des Alten Testaments, M o s e , es geht ferner um die Offenbarung G o t t e s und Seines Namens, und es geht schliesslich um das Volk Gottes, I s r a e l .
Diese drei Bereiche können wir in unserer Wahrnehmung wohl u n t e r s c h e i d e n , inhaltlich und in ihrer Bedeutung voneinander t r e n n e n können wir sie nicht. M o s e wäre für uns ohne Bedeutung ohne diese besondere ihm zuteil werdende Gottesoffenbarung und ohne seine herausragende Rolle und Bedeutung für das alte Gottesvolk Israel bis heute. Diese O f f e n b a r u n g Gottes und Seines N a m e n s an Mose wäre für uns ohne Bedeutung, wenn sie nicht zur Bindung Gottes an I s r a e l und Israels Bindung an G o t t geführt hätte , wenn sie nicht zu der Bundesgeschichte geführt hätte, die der Geschichte Jesu Christi vorausläuft. Und I s r a e l wäre kein besonderes Volk, wenn es durch diese Offenbarung Gottes an Mose und die ihr folgende Geschichte nicht zu G o t t e s Volk geworden wäre.

„Mose aber hütete die Schafe Jitros, seines Schwiegervaters...“ – so beginnt diese Geschichte. Die Offenbarung Gottes wird sich mitten in das Alltagsleben und mitten in die Lebensgeschichte des Mose hinein ereignen. Hinter Mose liegen seine Jugend einerseits als Kind einer Hebräerin, andererseits als Findelkind und Adoptivsohn einer ägyptischen Prinzessin. Hinter ihm liegt, dass er einen ägyptischen Aufseher erschlagen hat, weil der einen seiner hebräischen Volksangehörigen misshandelt hatte. Deshalb musste Mose fliehen und kam nach Midian. Dort wurde er von der Familie des Priesters Jitro aufgenommen und heiratete dessen Tochter Zippora. Deren Erstgeborenem gab er den Namen Gerschom. Sein berufliches Leben bestand nun viele Jahre lang im Dienst des Hirten für seinen Schwiegervater. Die Geschichte mit Gott und mit dessen Boten, die nun ohne Ankündigung an Mose folgt, ist eine Geschichte mehrfacher gegenseitiger Wahrnehmung. Vom S e h e n des Mose ist hier mehrfach die Rede , aber auch vom Sehen Gottes, der das Leiden und Schreien der Kinder Israels gesehen und gehört hat. In unserem heutigen Abschnitt begegnet allein neun Mal der hebräische Wortstamm für „sehen“ , ra-a.
Das erste Besondere, das Mose sieht, ist ein brennender Dornbusch , der im Feuer nicht verzehrt wird. Es wird weiter erzählt, dass Mose zu dem Busch

hingeht, weil er wissen will, warum der nicht verbrennt. Als er näher kommt, wird er von Gott bei seinem Namen angesprochen: „Mose, Mose!“ – und der so Angeredete antwortet Gott so, wie andere bedeutende Menschen der Bibel auch; er sagt: „Hinneni!“ – „Hier bin ich.“ – Das ist eine Antwort, in der ein Mensch sich ganz für Gott und für Sein Wort und für Seinen Auftrag bereit erklärt. Also das Gegenteil von möglichen Sätzen wie: „Lass mich bloss in Ruhe!“ Oder: „Ich habe gerade Urlaub.“ Oder: „ Ohne mich bitte.“ Oder: „Können wir das nicht auf morgen verschieben.“ - Stattdessen: „Hier bin ich.“ „Rede du, ich will hören.“
Wir wollen an dieser Stelle freilich nicht verschweigen, liebe Gemeinde, auch der grosse Mose wird später noch mehrmals zu Ausreden Zuflucht suchen.
Seine Einwände beginnen in einer gelinden Form schon in unserem Abschnitt, in Vers 11: „Mose sprach zu Gott: Wer bin ich, dass ich zum Pharao gehe und führe die Israeliten aus Ägypten?“ – Im folgenden Kapitel werden dann seine Einwände noch massiver, z.B. : „Siehe, sie werden mir nicht glauben und nicht auf mich hören, sondern werden sagen: Der Herr ist dir nicht erschienen.“ (4,19 Anschliessend noch ablehnender gegenüber seinem Auftrag sagt Mose: „Mein Herr , sende, wen du willst.“ (4,13). –Aber bei Gott kommt er damit nicht durch. Wo Mut und Kräfte des Mose erlahmen, da fliesst ihm vom Herrn neue Kraft zu. Das sagt Gott ihm hier schon zu durch Sein Versprechen. „Ich will mit dir sein.“ (V.12) Dieses Versprechen entspricht dem offenbarten Namen Gottes „Ich werde sein, der ich sein werde.“ - So wird Mose seinen Auftrag erfüllen, sodass es nach seinem Tod über ihn in der Bibel des Alten Testaments heissen wird: „Und es stand hinfort kein Prophet in Israel auf wie Mose, den der Herr erkannt hätte von Angesicht zu Angesicht.“ (Deut. 34, 10) Soviel hier speziell zu Mose.
Lassen Sie uns, liebe Gemeinde, zum Zweiten und Dritten einen besonderen Blick auf die hier erzählte G o t t e s o f f e n b a r u n g und dann auf I s r a e l werfen.
Nachdem Mose auf den brennenden und sich im Feuer nicht verzehrenden Dornbusch aufmerksam geworden war und näher gekommen war, wird er von Gott mit der doppelten Nennung seines Namens angesprochen: „Mose,Mose!“ - Unzweifelhaft ist also e r von Gott gemeint. Das nächste Wort Gottes an ihn lautet: „Tritt nicht herzu, zieh deine Schuhe von den Füssen; denn der Ort, darauf du stehst, ist heiliges Land!“ – Die Heiligkeit des Ortes ist daran gebunden, dass Gott hier gegenwärtig ist, um zuerst mit Mose und später mit ganz Israel zu handeln. Die Ehrbezeugung, diesen Boden ohne Schuhe zu betreten, entspricht der späteren Sitte der Priester in Jerusalem, den Dienst im Tempel barfuss zu begehen.
Ich denke, dass es auch zu unserem Glauben gehört, den Orten, wo Gottes Wort und Seiner Ehre Raum gegeben wird, zumindest mit besonderer Demut und Ehrfurcht zu begegnen. Ich bin im Nachhinein froh, dass uns als Kindern dies nahegelegt wurde. Unsere Kindergottesdienste begannen grundsätzlich mit

einem Wort, das beim Propheten Habakuk steht: „ Der Herr ist in Seinem heiligen Tempel. Es sei vor Ihm stille alle Welt!" (2,20)
Weiter spricht Gott hier: „Ich bin der Gott deines Vaters, der Gott Abrahams, der Gott Isaaks und der Gott Jakobs." – „Und Mose verhüllte sein Angesicht; denn er fürchtete sich, Gott anzuschauen." – Gott offenbart sich dem Mose als der, der schon der Gott der Vorfahren der Kinder Israels war. Er ist nicht der Gott, der über allem erhaben in sich selbst ruht, sondern der Gott, der in B e z i e h u n g zu bestimmten Menschen steht . Diese Beziehung wird von der Bibel B u n d genannt.
Und weiter sagt Gott zu Mose: „ Ich habe das Elend m e i n e s V o l k e s in Ägypten gesehen und ihr Geschrei über ihre Bedränger gehört; ich habe ihre Leiden erkannt. Und ich bin herniedergefahren, dass ich sie errette aus der Ägypter Hand und sie herausführe aus diesem Lande in ein gutes und weites Land, in ein Land, darin Milch und Honig fliesst...". Zum ersten Mal in der Bibel wird das Volk der Kinder Israels hier von Gott „mein Volk – ami" genannt. Gott wird sich ab nun im Alten Testament unaufhörlich und unauflöslich mit diesem besonderen Volk verbinden und verbünden. Daran wird auch alles Versagen und alle Untreue Israels gegenüber seinem Gott und Herrn nichts grundsätzlich ändern. Dieses Israel und diesen Gott wird es von nun an nur z u s a m m e n geben. So gesehen ist diese erzählte Geschichte von Gottes Erscheinung im brennenden Dornbusch zugleich die Geschichte von der I d e n t i t ä t des Gottesvolkes Israel. Indem Gott sich an Israel bindet, bindet Er Israel an sich, und indem Er Israel an sich bindet, wird Er, Gott selber, für dieses Volk zu dem Feuer, das nicht verlöscht und dessen Flamme nun doch nichts Anderes als die Flamme Seiner Liebe ist. (s. KD II/1,412) Im Bild dürfen wir wohl sagen: Israel ist der Dornbusch und Gott ist das für Sein Volk brennende und sich nicht verzehrende Feuer . In der jüdischen Auslegung dieses Textes gibt es die Deutung, der Dornbusch verkörpere Israels Not und Gottes Mitleiden mit diesem Volk.
Der entscheidende Ort der Offenbarung Gottes, durch die Israel als Israel erwählt wird, ist in unserer heutigen Geschichte die Nennung des N a m e n s Gottes. „Mose sprach zu Gott : Siehe, wenn ich zu den Israeliten komme und spreche zu ihnen: Der Gott eurer Väter hat mich zu euch gesandt ! und sie mir sagen werden: Wie ist Sein Name? Was soll ich ihnen sagen?" – „Gott sprach zu Mose : I c h w e r d e s e i n , d e r i c h s e i n w e r d e . Und sprach: So sollst du zu den Israeliten sagen: „Ich werde sein", der hat mich zu euch gesandt." – „ähejäh ascher ähejäh" – „ich bin der ich bin" oder „ich werde sein, der ich sein werde" , das scheint eine Anspielung auf die vier Konsonanten jot-ha-we-ha des Gottesnamens zu sein, ursprünglich vielleicht ausgesprochen als „Jahwe". Aber der fromme Israelit bzw. Jude spricht diesen Namen nicht aus, um seine mögliche Entheiligung zu vermeiden. Stattdessen sagt man, wo dieser Namen in der Bibel auftaucht „adonai", also „Herr" oder „haschem", d.h. „der Name". Die Wiedergabe mit „Herr" hat sich in den deutschen Bibelübersetzungen durchgesetzt.

Wir könnten jetzt darüber streiten , ob diese erzählte Nennung des Namens Gottes „Ich werde sein“ eher eine Offenlegung oder eher eine Verhüllung des Namens ist, etwa in dem Sinn: Ich bin der, dessen eigentlichen Namen niemand nachspricht. „Ich werde sein, der ich sein werde“ – damit wird jedenfalls ein Sein Gottes bezeichnet, das ein Sein in einem Verhältnis, in einer Beziehung wiedergibt, etwa in dem Sinn wie: „dasein“ oder „gegenwärtig sein“ oder „sich erweisen“. Martin Buber gab den Namen so wieder: „Ich bin und bleibe gegenwärtig“.

Das Bekenntnis, das alle Töchter und Söhne Israels und alle gläubigen Juden seitdem und bis heute sprechen und beten, und das diesen Namen des Höchsten ehrt, ist das sogenannte Schma Jisrael, das „Höre, Israel“ aus 5. Mose 6, 4+5: „schema jisrael adonai älohenu adonai ächad …“ – „Höre, Israel, der Herr ist unser Gott, der Herr allein. Und du sollst den Herrn, deinen Gott, liebhaben von ganzem Herzen, von ganzer Seele und mit all deiner Kraft.“ - Es wird berichtet, dass in den dunkelsten Jahren der deutschen Geschichte und der Weltgeschichte Kinder Israels diese Worte in den Mund nahmen, wenn sie in Vernichtungslager und in Gaskammern geführt wurden. „Schema jisreal, adonai älohenu adonai ächad…“.

Liebe Gemeinde! Es ist von der gruseligen Geschichte der Verfolgung des Gottesvolkes her nicht einfach, diese heutige Predigtgeschichte der Berufung des Mose und des Gottesvolkes in ihrer Gültigkeit für den Glauben an J e s u s C h r i s t u s für uns als Seine Kirche in Anspruch zu nehmen. Ich wage das nur deshalb, weil in Jesus Christus das noch einmal und für alle Welt geschah, dass Gott selbst auf den Plan trat, um für uns Menschen eine umfassende Versöhnung und Erlösung ins Werk zu setzen. Dabei – im Bild gesprochen –
entspricht das Kreuz Jesu für uns jenem brennenden Busch, dessen nicht versiegendes Feuer für Gottes Liebe steht. Im Hebräerbrief wird im Blick auf Jesus Christus gesagt: „Darum, weil wir ein unerschütterliches Reich empfangen, lasst uns dankbar sein und so Gott dienen mit Scheu und Furcht, wie es Ihm gefällt, denn unser Gott ist ein verzehrendes Feuer.“ (Hebr. 12, 28f.)
Amen.

Psalm : 97

Lesung Evang.: Matth. 17, 1-9

Lieder(EG): 130,1; 69,1-4; 255,1+4-7; 379,1-5; 590,1-3

Printed by Books on Demand GmbH, Norderstedt / Germany